AF326081

RÉFUTATION

DES RUINES.

DE L'IMPRIMERIE DE L.-T. CELLOT,

RUE DU COLOMBIER, Nº 30.

RÉFUTATION

ABRÉGÉE

DU LIVRE DE VOLNEY

INTITULÉ,

LES RUINES,

OU MÉDITATION SUR LES RÉVOLUTIONS DES EMPIRES;

Par M. D. N.,

AUMÔNIER DE L'ÉCOLE ROYALE POLYTECHNIQUE;

EXTRAITE DE LA SECONDE ÉDITION DES ÉTUDES D'UN JEUNE PHILOSOPHE CHRÉTIEN.

A PARIS,

A la librairie ancienne et moderne

DE MÉQUIGNON JUNIOR, LIBRAIRE,

RUE DES GRANDS-AUGUSTINS, N° 9.

1823.

RÉFUTATION

ABRÉGÉE

DU LIVRE DE VOLNEY

INTITULÉ :

LES RUINES,

OU MÉDITATION SUR LES RÉVOLUTIONS DES EMPIRES ;

Par M. D. N.,

AUMÔNIER DE L'ÉCOLE ROYALE POLYTECHNIQUE.

14

AVANT-PROPOS.

Le livre dont nous entreprenons une réfutation abrégée, est une des plus dangereuses productions de l'impiété. Dans un siècle où les preuves de la religion sont si peu connues, quel mal ne doit pas produire un ouvrage dont le style séduisant, et un certain charlatanisme d'érudition s'unissent à la fois pour faire triompher l'erreur en lui donnant l'apparence et le charme de la vérité. Le livre d es *Ruines* ne nuira jamais aux personnes instruites : elles n'y verront que de vaines déclamations qui ne prouvent et ne réfutent rien, et si ces personnes sont religieuses, elles repousseront avec horreur une doctrine qui n'est autre chose qu'un athéisme mal déguisé; elles seront révoltées de ce qu'elles y liront de si évidemment contraire aux traditions historiques les plus générales et les mieux attestées. Mais, en matière de religion, le grand

nombre se compose de demi-savans et d'ignorans. L'orgueil des uns, toujours si favorable
à l'incrédulité, se laissera prendre à ce ton
affirmatif et doctoral avec lequel Volney débite
ses savans paradoxes : l'esprit borné des autres
en comprendra autant qu'il en faut pour affer-
mir ses préjugés anti-religieux.

C'est surtout à la jeunesse que nous désirons
être utile en défendant la cause de la religion.
Nous n'ignorons pas que les missionnaires de
l'impiété font circuler le livre de Volney jusque dans les colléges ; et dans combien de
jeunes cœurs peut-être n'a-t-il pas déjà étouffé
le germe d'une foi naissante ! Ce serait se rendre coupable que de ne pas chercher à remé-
dier à un aussi grand mal : et l'entreprendre,
c'est travailler au bonheur de la jeunesse.

Nous n'avons pas la prétention de faire un
livre, nous voulons seulement réfuter en abrégé
les principales erreurs de Volney. Abattre une
des colonnes de cet édifice de mensonge, c'est

ébranler tout le reste , car quelle autorité reste-
t-il à un écrivain dès qu'il est convaincu de
mauvaise foi? Puissions-nous réussir du moins
à rendre suspect un homme dont il semblerait
que Rousseau eût voulu parler, s'ils eussent
écrit dans le même temps , lorsqu'il a dit :
«Fuyez ceux qui, sous prétexte d'expliquer la
» nature, sèment dans les cœurs des hommes de
» désolantes doctrines...... Sous le hautain pré-
» texte qu'eux seuls sont éclairés , vrais , de
» bonne foi, ils nous soumettent impérieusement
» à leurs décisions tranchantes, et prétendent
» nous donner pour les vrais principes des choses,
» les inintelligibles systèmes qu'ils ont bâtis dans
» leur imagination. Du reste, renversant, dé-
» truisant, foulant aux pieds tout ce que les
» hommes respectent, ils ôtent aux affligés la
» dernière consolation de leur misère, aux
» puissans et aux riches le seul frein de leurs
» passions; ils arrachent du fond des cœurs le
» remords du crime, l'espoir de la vertu , et se

» vantent encore d'être les bienfaiteurs du
» genre humain. Jamais, disent-ils, la vérité
» n'est nuisible aux hommes; je le crois comme
» eux, et c'est à mon avis une grande preuve
» que ce qu'ils enseignent n'est pas la vérité. »
(*Confess. de foi du vicaire savoyard.*)

ANALYSE

DE LA DOCTRINE DE VOLNEY.

———

Dans l'origine, l'homme formé nu de corps et d'esprit, *se trouva jeté au hasard sur la terre confuse et sauvage. Orphelin délaissé de la* puissance inconnue *qui l'avait produit, il ne vit point à ses côtés des êtres descendus des cieux* pour l'avertir des besoins *qu'il ne doit qu'à ses* sens, *pour l'instruire des* devoirs *qui naissent* uniquement de ses besoins. *Semblable aux autres animaux, sans expérience du passé, sans prévoyance pour l'avenir, il erra au sein des forêts, guidé seulement et gouverné par les affections de la nature....* (1)

Tous les dogmes théologiques sur l'origine du monde, sur la nature de Dieu, *la* révélation *de* ses lois, l'apparition *de sa personne, ne sont que des récits de faits astronomiques, que des narrations figurées et emblématiques* du jeu des con-

(1) Pag. 33, édit. in-18, 1822.

stellations; *l'idée même de la* divinité, *cette idée* aujourd'hui si obscure, *n'est dans son modèle primitif que celui* des puissances physiques de l'univers; *comme la* crainte ou l'espoir *furent le principe de toute idée de* religion (1). *Or de ce que les idées de la divinité eurent pour premier modèle les êtres physiques, il résulta que la divinité fut d'abord variée et multipliée, comme les formes sous lesquelles elle parut agir. L'univers pour les premiers hommes fut rempli de dieux innombrables* (2).

A ce polythéisme grossier succéda le culte des astres, le sabéisme; d'après l'autorité des monumens de l'astronomie elle-même, les principes de ce système paraissent remonter avec certitude au delà de quinze mille ans (3).

La divinité devint ensuite successivement des êtres terrestres, *par la confusion des symboles avec leurs modèles; puis la* double puissance *de la nature dans ses deux opérations principales de* production *et de* destruction; *puis le* monde animé, *sans distinction de* cause *et* d'effet; *puis enfin le principe* solaire *ou l'élément du feu reconnu pour* moteur unique. *En dernier ré-*

(1) Pag. 175-179. — (2) Pag. 180. — (3) Pag. 185.

sultat, la divinité est devenue un être chimérique *et* abstrait, *une* subtilité scolastique *de substance sans forme, de* corps *sans* figure, *un vrai délire de l'esprit auquel la raison n'a plus rien compris* (1).

La religion égarée d'objet ne fut plus qu'un moyen politique de conduire un vulgaire crédule, dont s'emparèrent des hommes tantôt crédules eux-mêmes et dupes de leurs propres visions, et tantôt des hommes hardis et d'une âme énergique qui se proposèrent de grands objets d'ambition.

Tel fut le législateur hébreu, Moïse, qui voulant séparer sa nation de toute autre et se former un empire isolé et distinct, conçut le dessein d'en asseoir les bases sur les préjugés religieux, et d'élever autour de lui un rempart sacré d'opinions et de rites. Mais vainement proscrivit-il le culte des symboles *régnant dans la basse Egypte et dans la Phénicie, son dieu n'en fut pas moins un dieu égyptien, de l'invention de ces prêtres dont Moïse avait été le disciple* (2).

Par la suite, les prêtres de la religion de Moïse et les grands de la nation ayant été menés captifs à Babylone, s'imburent pendant un séjour de

(1) Pag. 219.—(2) Pag. 222.

cinquante ans, de toute la théologie des Chaldéens ; et dès ce moment, se naturalisèrent chez les Juifs les dogmes du génie ennemi (Satan), de l'âme immortelle *et de la* résurrection, *toutes choses inconnues à Moïse ou condamnées par le silence même qu'il en avait gardé* (1).

Les traditions sacrées et mythologiques des temps antérieurs avaient répandu dans toute l'Asie un dogme qui tendait à faire croire qu'un grand médiateur, *qu'un* sauveur futur, roi, dieu conquérant *et* législateur, *devait ramener l'âge d'or sur la terre, la délivrer de l'empire du mal. Sans doute que les prophètes juifs eurent l'art de calquer leurs tableaux sur le style et le génie des livres sacrés employés aux mystères païens, ce fut donc en Judée une attente générale du grand* envoyé, *du sauveur final. A l'époque où l'on crut qu'il devait paraître, les esprits s'exaltèrent, on interrogea les hyérophantes et leurs livres mystiques, on attendit le* réparateur. *A force d'en parler quelqu'un dit l'avoir vu, ou même un individu exalté crut l'être, et se fit des partisans, lesquels, privés de leur chef par un incident vrai sans doute, mais passé obscurément,*

______

(1) Pag. 227.

donnèrent lieu, par leurs récits, à un roman graduellement organisé en histoire; il en résulta un système authentique et complet dont il ne fut plus permis de douter (1). *Quoi qu'il en soit, il résulte de tout ce qu'on a écrit pour et contre le christianisme que l'origine précise de cette religion n'est pas connue. Personne n'a encore mis en évidence le fait radical,* c'est-à-dire l'existence réelle *du* personnage qui a occasioné le système : *sans cette existence néanmoins il serait difficile de concevoir l'apparition du système à son époque connue, encore qu'il ne soit pas sans exemple en histoire de voir des suppositions gratuites et absolues* (2).

Il faut conclure que pour vivre en concorde et en paix, on doit s'abstenir de prononcer sur de tels objets, et ne leur attacher aucune importance.. *Il* faut ôter tout effet civil aux opinions théologiques et religieuses. *Voilà le but que s'est proposé une grande nation affranchie de ses préjugés et de ses fers... O peuples! vous-mêmes causez les maux dont vous vous plaignez, c'est vous qui encouragez les tyrans par une lâche adulation de leur* puissance, *par un* engouement

____

(1) Pag. 231. — (2) Pag. 344.

imprudent de leurs fausses bontés, *par l'avilis-
sement dans l'obéissance, par la licence dans la
liberté, par l'accueil crédule de toute imposture..»*

Telle est la doctrine d'un livre que l'on fait
circuler *jusques dans les chaumières*, dans le
dessein *d'éclairer le peuple* et de *régénérer la
société*.

Le temps prouvera si ce vœu de l'auteur s'est
accompli : *J'aimerai les hommes sur des souvenirs ;
je m'occuperai de leur bonheur, et le mien se
composera de l'idée de l'avoir hâté* (1).

(1) VOLNEY, page 4.

RÉFUTATION.

CHAPITRE I.

« Dans l'origine, l'homme formé nu *de corps* et *d'esprit*
» se trouva jeté au hasard sur la terre confuse et sau-
» vage, orphelin délaissé de la puissance inconnue
» qui l'avait produit.... » (VOLNEY, pag. 33.)

Quelle étonnante contradiction nous offre
l'esprit de ces hommes qui veulent à tout prix
s'affranchir du joug de la foi ! Dominés par
l'orgueil de la raison, et entraînés par l'amour
de l'indépendance, tantôt ils ne trouvent point
de termes assez magnifiques pour relever la dignité de l'homme, vanter la force de son intelligence et la pénétration de ses lumières na-
turelles : bientôt après, ils éprouvent aussi je ne
sais quel contentement abject à le dépouiller
de toute sa grandeur pour ne lui laisser en
partage que l'ignorance, la faiblesse et la misère. Si l'on essaie de les soumettre à la
croyance de certaines vérités révélées, ils n'ont
besoin, à les entendre, d'aucun secours étran-

ger : Dieu a tout dit à leur raison, à leur esprit, à leurs cœurs; il leur suffit d'écouter la voix intérieure qui ne trompe jamais. La religion leur rappelle-t-elle la céleste origine de l'homme créé à l'image de Dieu, voyageur sur la terre pendant un petit nombre de jours après lesquels il s'unira éternellement à celui qui est son principe et sa fin? ils désavouent une origine et une fin aussi glorieuse, foulent aux pieds leurs titres à l'immortalité, abaissent vers la terre ce front que la divinité a levé vers le ciel, et s'agitent péniblement pour conquérir le néan t. Ils veulent étouffer dans leur cœur les sentimens de cet amour qui ne cesse de nous entraîner vers l'auteur de tout bien, et ils s'efforcent de ne voir en lui qu'une divinité cruelle et bizarre, qui dans son caprice a *formé l'homme nu de corps et d'esprit pour le jeter au hasard sur la terre confuse et sauvage.* Le tableau des premiers âges du monde, n'offre à leur sombre imagination qu'une troupe d'hommes stupides, *mutum et turpe pecus,* orphelins délaissés d'une puissance inconnue, errans dans les bois et sur le bord des fleuves, entourés de dangers, assaillis d'ennemis, tourmentés par la faim... Quelle monstrueuse opinion, quelle désolante

philosophie! Celui qui l'a enseignée a-t-il donc
pu croire réellement qu'il travaillait au bonheur ou, ce qui est le même, au perfectionne-
ment de la société? Pour nous, nous sommes
tentés de nous demander de quel crime son
cœur s'était rendu coupable pour mériter
de devenir ainsi l'ennemi de Dieu et des
hommes.

Il nous sera permis du moins d'exiger les
preuves d'une assertion contraire au sentiment
naturel, à tous les monumens historiques, et
à la tradition du monde entier. Si haut que
nous remontions dans l'étude des siècles
anciens, nous trouvons partout les hommes
réunis entre eux par le double lien de la religion et de la société. Qui donc aurait le droit
de franchir la limite de l'histoire la plus reculée
et de rejeter sans raison l'autorité de ses documens les plus positifs? Pourquoi ne pas conclure ici de ce qui a dû être dès le commencement par ce qui a toujours et généralement
existé, d'après les annales de tous les peuples?
Pourquoi ne pas dire avec un de nos plus pro-
fonds penseurs : « Si la société n'est pas dans
» la nature de l'homme, pourquoi y a t-t-il des
» sociétés? La société existe, elle est donc dans la

» nature de l'homme. Les lois de son existence
» sont donc nécessaires comme la nature de
» l'homme. Tout ce qui est utile aux hommes
» est une vérité (1). »

L'état social est tellement l'état naturel de
l'homme, que hors la société il ne peut ni se re-
produire ni se conserver. « A moins de prétendre,
» dit notre plus célèbre naturaliste, que la consti-
» tution du corps humain fût toute différente de
» ce qu'elle est aujourd'hui et que son accroisse-
» ment fut bien plus prompt, il n'est pas pos-
» sible de soutenir que l'homme ait jamais
» existé sans former de familles, puisque les
» enfans périraient s'ils n'étaient secourus et
» soignés pendant plusieurs années; au lieu que
» les animaux nouveaux-nés, n'ont besoin de
» leur mère que pendant quelques mois. Cette
» nécessité physique suffit donc seule pour dé-
» montrer que l'espèce humaine n'a pu durer et
» se multiplier qu'à la faveur de la société; que
» l'union des pères et mères aux enfans est *na-*
» *turelle*, puisqu'elle est *nécessaire* (2). »

Que devrions-nous penser de la divinité, s'il

(1) *Théor. du pouv. polit. et relig.*
(2) Buffon, *Disc. sur l'hist. nat.*

était prouvé qu'elle a *jeté l'homme au hasard sur la terre confuse et sauvage* dans un état si opposé à sa nature, si peu favorable à ses besoins? Ce système tend évidemment à détacher l'homme du sein paternel de Dieu, il est donc destructeur de l'ordre qui maintient la société; « car éteindre la piété envers Dieu, c'est anéan- » tir la bonne foi, la société du genre humain, » et la plus excellente de toutes les vertus, la » justice (1). »

Qu'aurions-nous en effet à attendre d'un Dieu qui nous aurait traités de la sorte, et que lui devrions-nous? Vile production échappée de ses mains inattentives, inutilement nous lèverions nos yeux vers lui : « Dans l'immensité des » cieux il dirige la marche du monde, et que sont » pour lui les vermisseaux qui s'agitent sur la » poussière(2). » Nous serions autorisés à ne reconnaître d'autres *devoirs* que ceux qui naissent de nos *besoins*, et nous pourrions alors nous bor-

____

(1) *Haud scio, an, pietate adversus deos sublata, fides etiam et societas humani generis, et una excellentissima virtus, justitia tollatur.* Cic., *de natura deorum.*

(2) Volney, pag. 71.

ner à rendre hommage à *l'Homme - Créateur,*
car « c'est lui qui a produit les biens qui l'en-
» vironnent ; il a mesuré l'étendue des cieux,
» calculé la masse des astres, saisi l'éclair dans
» les nuages, dompté la mer et les orages, as-
» servi tous les élémens (1). »

Quelle différence, je le demande, entre une
pareille morale et l'athéisme? à quoi sert de
parler de Dieu aux hommes, si, comme dit Volney, conséquent dans son incrédulité, l'égoïsme
est l'unique principe de la société? Si lorsque
la nature les avait placés dans l'état sauvage
et barbare, eux seuls ont su se procurer les
douceurs de la vie, Dieu n'est plus pour nous
qu'un être inutile. « S'il est vrai qu'il soit dans
» sa nature de n'aimer pas les hommes et de ne
» rien faire pour eux, eh bien! laissons-le pour ce
» qu'il vaut (2). » Les lois de la société *ne sont*

(1) **Volney**, pag. 34. Après un éloge si pompeux de
l'Homme-Créateur, qui s'attendrait à le voir appelé, à la
page 71, un *insecte humain,* un *vermisseau* qui s'agite
sur la poussière, indigne des regards de la divinité tout
occupée à diriger la marche des mondes?

(2) *Si maxime talis est Deus, ut nulla gratia, nulla
hominum caritate teneatur, valeat.* Cic., *de nat. deor.,*
lib. 1, 44.

alors que les affections de la nature; tout consiste pour chacun à assurer son existence, à accroître ses facultés, à protéger ses jouissances. Si l'on objecte que *l'amour de soi,* impétueux et imprévoyant, porte sans cesse l'homme à agir contre son semblable, et tend par conséquent à dissoudre la société, on répondra que *l'art des lois* et la *vertu de leurs* agens tempéreront le conflit des cupidités, et maintiendront l'équilibre entre *les forces* pour assurer à chacun *son bien-être* (1).

D'après le système de Volney, on voit clairement que Dieu ne préside pas davantage à la conservation de la société qu'il n'a présidé à son origine. Il est sans doute beaucoup plus digne de sa suprême sagesse *de peupler les abîmes de l'espace de millions de soleils tourbillonnans* que de s'occuper à gouverner *les insectes humains,* seuls êtres néanmoins doués d'intelligence, capables de le connaître et de lui rendre hommage par la pratique de la justice. Si l'on excepte un Épicure et quelques autres en petit nombre, les philosophes les plus célèbres de l'antiquité ont rejeté cette doctrine qui

(1) Volney, page 42.

15.

mène à l'athéisme. Elle répugne aux lumières de la raison, et la croyance générale des peuples forme contre elle un argument invincible. Épicure était accusé *d'insulter à toute la terre,* parce qu'il niait la *Providence.* Le philosophe romain qui, à l'époque où il vécut, fut à même de recueillir tout l'héritage de l'ancienne école, croyait « que le monde était gouverné, non pas » simplement par une intelligence, mais par » une excellente, par une divine intelligence (i); » il veut que les hommes qui vivent en société » commencent par croire qu'il y a des dieux » maîtres et gouverneurs de toutes choses, qui » disposent les événemens, règlent tout par leur » puissance, et ne cessent de faire du bien au » genre humain... qui mettent de la différence » entre l'homme pieux et l'impie (2). »

S'il en était autrement, « quel dessein digne » de sa sagesse, Dieu aurait-il pu se proposer

----

(1) *An dubitamus, quin ea non solum ratione fiant, sed etiam excellenti quadam divinaque ratione?* Cic.

(2) *Sit igitur jam hoc a principio persuasum civibus, dominos esse omnium rerum, ac moderatores deos: eaque quæ geruntur, eorum geri ditione ac numine, idemque optime de genere hominum mereri... piorumque et impiorum habere rationem.* Cic., *de leg.* 2, 7.

» en créant les hommes? Quoi, il n'aurait point
» eu d'autre vue en les formant qu'en formant
» les bêtes? L'homme, cet être si noble, qui
» trouve en lui de si hautes pensées, de si vastes
» désirs, de si grands sentimens; susceptible d'a-
» mour, de vérité, de justice, l'homme seul de tou-
» tes les créatures *capable d'une destination sérieu-*
» *se, de connaître et d'aimer* l'auteur de son être;
» cet homme ne serait fait que pour la terre; pour
» passer un petit nombre de jours comme la bête
» en des occupations frivoles ou des plaisirs sen-
» suels? Il remplirait sa destinée en remplissant
» un rôle si méprisable! et après cela il retombe-
» rait dans le néant, sans avoir fait aucun usage de
» cet esprit vaste et de ce cœur élevé que l'auteur
» de son être lui avait donné? O Dieu, où serait
» ici votre sagesse, de n'avoir fait un si grand
» ouvrage que pour le temps, de n'avoir montré
» des hommes à la terre que pour faire des es-
» sais badins de votre puissance, et délasser vo-
» tre loisir par cette variété de spectacle (1)! »

Repoussons donc avec horreur ces systèmes
qui outragent la Divinité et nous font déchoir
de la dignité à laquelle la foi et la raison nous

(1) Massillon, Vérité d'un avenir.

élèvent de concert, et puisque « parmi les na-
»tions si différentes de nous, et si différentes
»entre elles, on n'a jamais trouvé d'hommes
»isolés, solitaires, errans à l'aventure à la ma-
»nière des animaux, il faut que la nature hu-
»maine ne comporte pas cet état, et que par-
»tout l'instinct de l'espèce l'entraîne à la so-
»ciété (1). »

« Il est donc vrai que l'homme est le roi de
»la terre qu'il habite... Quoi ! je puis obser-
»ver, connaître les êtres et leurs rapports ;
»je puis sentir ce que c'est qu'ordre, beauté,
»vertu ; je puis contempler l'univers, m'éle-
»ver à la main qui le gouverne ; je puis aimer
»le bien, le faire, et je me comparerais aux
»bêtes ! Ame abjecte, c'est ta triste philoso-
»phie qui te rend semblable à elles ; ou plu-
»tôt, tu veux en vain t'avilir ; ton génie dépose
»contre tes principes, ton cœur bienfaisant
»dément ta doctrine, et l'abus même de tes
»facultés prouve leur excellence en dépit de
»toi (2). »

(1) Pensées de Voltaire.
(2) Rousseau, *Conf. de foi du vic. savoyard.*

CHAPITRE II.

« L'idée de la divinité, cette idée aujourd'hui si obscure,
» n'est dans son mode primitif que celle des puissances
» de l'univers... La crainte et l'espoir furent le prin-
» cipe de toute idée de religion. » (VOLNEY.)

Si l'on en croyait Volney on serait vraiment tenté de regretter ce bon temps où, selon lui, les hommes vivaient dans les forêts. « Novice en-
» core, l'homme ne connaissait alors ni servitude
» ni tyrannie. Ne devant rien, n'exigeant rien,
» il jugeait des droits d'autrui par les siens, *et*
» *il se faisait des idées exactes de justice......*
» L'égalité originelle, au défaut de conven-
» tion, maintenait la *liberté* des personnes,
» la *sureté* des propriétés, et produisait les *bon-*
» *nes mœurs* et *l'ordre...* le cœur de l'homme
» occupé n'errait point en *désirs coupables* (1). »
Quel dommage que les progrès de la civilisation soient venus nous priver de ces avanta-
ges précieux, et corrompre cette belle sim-
plicité de l'âge d'or au sein des forêts !

(1) Volney, pag. 45.

Mais Volney prend heureusement soin lui-même de diminuer nos regrets; comme il compose d'imagination, il y a certains momens où le tableau de l'état primitif du monde se rembrunit, et ne s'offre plus à lui sous d'aussi riantes couleurs ; car, dit-il ailleurs, à peine les « hommes sauvages purent-ils développer » leurs facultés que, saisis de l'attrait des objets » qui flattent les sens, il se livrèrent à des *dé-* » *sirs effrénés...* Non contens du bien que leur » offrait la terre, ou que produisait leur indus- » trie, ils voulurent entasser les jouissances, et » convoitèrent celles que possédaient leurs sem- » blables ; un homme fort s'éleva contre un » faible pour lui ravir le fruit de ses peines, » jusqu'à ce qu'enfin, fatigués des maux qu'ils » se causaient réciproquement, ils soupirèrent » après la paix, et établirent *des arbitres* qui ju- » gèrent les prétentions et pacifièrent la dis- » corde. Alors s'établit entre les individus un » heureux équilibre de force et d'action qui » fit la sûreté commune. Le nom de l'équité » et de la justice fut reconnu et révéré sur la » terre : l'homme fut heureux et puissant (1). »

(1) Volney, pag. 38 et 41.

Consolons-nous donc d'être réunis en société sous l'autorité de *nos arbitres,* et disons
de bon cœur un éternel adieu aux forêts et
à la vie sauvage.

Au milieu de contradictions si grossières,
il est curieux d'apprendre quelle origine donne
Volney à l'idée de Dieu et au culte que lui
rendent toutes les nations du monde. Il est
certain que, pour être conséquent dans son
absurde système, il a dû nier que l'homme
ait d'abord connu la divinité, et soutenir que
cette connaissance tardive s'est développée par
degrés dans son esprit. C'est ce qu'il n'a pas
manqué de faire, en dépit de toutes les traditions connues des peuples les plus anciens,
et de ce consentement unanime qui est comme
le cri de la nature rendant hommage à la
vérité. Pour échapper à une lumière qui l'im-
portune, l'auteur des *Ruines* s'enfonce dans la
nuit des temps, il remonte à des siècles ima-
ginaires, et parcourant seul leur durée, « il
» voit l'homme apprenant par des essais répe-
» tés et lents, l'usage de ses organes ; l'expé-
» rience accumulée de générations successives
» perfectionner les moyens de la vie, et l'esprit,
» dégagé de l'entrave des premiers besoins, qui

» s'élève à l'art compliqué de comparer les
» idées, d'asseoir des raisonnemens et de sai-
» sir des rapports abstraits.... Ce ne fut, con-
» tinue-il, qu'après avoir franchi ces obs-
» tacles et parcouru déjà une longue carrière
» dans la nuit de l'histoire, que l'homme, mé-
» ditant sur sa condition, commença de s'aper-
» cevoir qu'il était soumis à des *forces supé-
» rieures* à la sienne et *indépendantes* de sa vo-
» lonté : le soleil l'éclairait, l'échauffait, le
» feu le brûlait, le tonnerre l'effrayait, l'eau le
» suffoquait, le vent l'agitait ; tous les êtres
» exerçaient sur lui une action puissante et
» irrésistible. Long-temps automate, il subit
» cette action sans en rechercher la cause ;
» mais du moment qu'il voulut en rechercher la
» cause, il tomba dans *l'étonnement*, et, passant
» de la surprise d'une première pensée à la
» rêverie de la curiosité, il forma une série de
» raisonnemens. D'abord, considérant l'action
» des élémens sur lui, il conclut de sa part
» une idée de *faiblesse, d'assujettissement*, et de
» leur part une idée de *puissance*, de *domination;*
» et cette idée de *puissance* fut le type primi-
» tif et fondamental de toute idée de la *divinité.*
» Secondement, les êtres naturels par leur action

» excitaient en lui des sensations de *plaisir* ou
» de *douleur*, de *bien* ou de *mal;* par un effet
» naturel de son organisation il conçut pour
» eux de *l'amour* ou de *l'aversion;* il *désira*
» ou *redouta* leur présence, et la *crainte* ou
» l'*espoir* furent le principe de toute idée de *re-*
» *ligion* ».

On voit que ce ne fut pas hier que les hommes *se trouvèrent jetés au hasard sur la terre.* Des milliers d'années ont dû s'écouler avant que les timides mortels, *long-temps au-tomates,* aient cherché à se rendre compte de l'action *du feu qui les brûlait, de l'eau qui les suffoquait, du vent qui les agitait;* et depuis lors, que de combinaisons d'idées n'a-t-il pas fallu pour arriver au sublime traité de Fénelon sur l'existence de Dieu!

Ainsi, toutes ces nobles facultés qui dis-tinguent aujourd'hui l'homme de la brute, cette raison dont les incrédules eux-mêmes sont si fiers, ont été nulles pendant une longue suite de siècles. « L'esprit humain peut seul,
» il est vrai, chercher Dieu, le connaître, et,
» s'élevant au-dessus des choses sensibles, le
» suivre dans ses opérations, ce qui prouve
» suffisamment que l'homme n'a pas été fait

» au hasard et sans réflexion (1) : » mais plutôt que d'en convenir, Volney aime mieux
ne voir d'abord que des animaux stupides et
barbares dans les ancêtres de cet *homme créateur* auquel il rend hommage depuis qu'il a
«mesuré l'étendue des cieux, calculé la masse
» des astres, saisi l'éclair dans les nuages,
» dompté la mer et les orages, asservi tous les
» élémens. »

Qui donc avait mis en l'homme le germe de
ce génie qui lui servit à faire de si grandes
choses lorsqu'il fut développé? L'homme moral ne s'est pas créé davantage lui-même que
l'homme physique ; il a tout reçu, et dans
tous les cas il n'a fait que perfectionner avec
plus ou moins de temps et de peine. Volney
a beau prétendre que l'homme a été jeté au
hasard sur la terre, il avoue toutefois qu'il a
été produit par une *puissance ;* c'est donc cette
puissance qui l'a formé avec la faculté de
devenir tel qu'il est actuellement. Or voici
comme nous pouvons raisonner dans ce système : Une *puissance*, c'est-à-dire *Dieu*, car
ce nom se trouve écrit dans le livre *des Ruines*,

____

(1) Sénèque.

a créé l'homme avec un corps merveilleuse-
ment organisé, et un esprit capable de réali-
ser les plus belles conceptions, de s'élever jusqu'à la connaissance et l'amour de son auteur:
Qui le croirait cependant? ce Dieu n'avait
donné à l'homme une raison si pénétrante et
si noble que pour *le jeter au hasard sur la terre,*
où, dans un état de barbarie, il vivrait comme
un *orphelin délaissé.* Sa raison ne devait se développer qu'après bien des siècles durant lesquels il n'aurait aucune idée du créateur, et
cette idée, c'est la *peur,* la *crainte* des élémens,
du *feu qui brûle, de l'eau qui suffoque,* qui
l'offriraient enfin pour la première fois à son
esprit !!!....

Le Dieu de Volney manque donc d'amour
pour ses créatures ; il est insensible au progrès
de leur raison, à leurs hommages, à leurs
bonnes comme à leurs mauvaises actions. S'il
était possible qu'un pareil Dieu existât, nous
concevrions comment Volney a pu dire que
les hommes n'ont d'autres devoirs à remplir
que ceux qui « naissent de *leurs besoins,* qu'ils
» ne sont guidés et gouvernés que par *les af-*
» *fections de la nature ;* » car alors toute religion serait illusoire, et devrait disparaître avec

la *crainte* ou *l'espoir* qu'inspirent à l'homme des objets dont il n'a rien à redouter ni à espérer... Quel homme est assez profondément immoral pour ne pas reculer devant les conséquences terribles de ce système? Où en serions-nous dans un demi-siècle, si la génération qui s'élève adoptait des principes aussi désastreux?

Mais bannissons de notre esprit jusqu'au souvenir de ces blasphèmes qui font de la religion une erreur, de l'espérance une chimère, de tant de vertus une folie, de Dieu un ami du néant, un tyran solitaire et égoïste qui se plaît à régner sur un vaste désert. « Puisque les » hommes connaissent Dieu, dit Fénelon, et » que plusieurs d'entre eux l'aiment, il est donc » plus clair que le jour que Dieu a voulu se faire » connaître et se faire aimer; car si Dieu n'avait » pas voulu nous communiquer sa connaissance » et son amour, nous ne pourrions jamais ni le » connaître ni l'aimer... Il nous a donné des yeux » corporels pour voir la lumière du jour; croirons-» nous qu'il nous a donné les yeux de l'esprit, qui » sont capables de connaître son éternelle vérité, » sans vouloir qu'elle soit connue de nous(1)?»

(1) Fénelon, *Lettr. sur la religion.*

Le Dieu qui nous a créés est souveraine-
ment parfait, et jamais il n'agit que par des
vues dignes de lui : il nous a distingués, dès le
commencement, de ses autres ouvrages en nous
donnant la raison. Être intelligent et libre,
l'homme, dès son entrée dans le monde, connut
son auteur et lui rendit hommage. Dans aucun
temps il ne fut sourd à cette voix éloquente
de l'univers qui publie si hautement la gloire
de celui qui par sa parole le tira du néant (1).

> Ce grand et superbe ouvrage
> N'est pas pour l'homme un langage
> Obscur et mystérieux;
> Son admirable structure
> Est la voix de la nature
> Qui se fait entendre aux yeux.

J.-B. ROUSSEAU.

(1) S'il était vrai que l'homme ne fût arrivé à la connaissance de Dieu qu'à force d'observations, de combinaisons d'idées et de raisonnemens, comment se ferait-
il que les plus anciens livres qui soient au monde nous
donnassent une idée si parfaite du Dieu unique, créateur du ciel et de la terre? Les nations à l'école de leurs
philosophes furent plongées dans les ténèbres de l'idolâtrie jusqu'à l'époque du christianisme, tandis que le
peuple hébreu, docile à l'autorité de ses plus anciennes

traditions, étranger à la philosophie comme à la religion
de ses voisins, rendit seul, constamment, un culte pur
au Dieu que nous adorons aujourd'hui. «Les nations les
»plus éclairées et les plus sages, dit Bossuet, les Chal-
»déens, les Égyptiens, les Phéniciens, les Grecs, les
»Romains, étaient les plus ignorans et les plus aveugles
»sur la religion ; tant il est vrai qu'il faut y être élevé
»par une grâce particulière et par une *sagesse plus qu'hu-*
»*maine.*» (*Disc. sur l'Hist. univ.*)

CHAPITRE III.

« De ce que les idées de la Divinité eurent pour premiers
» modèles les êtres physiques, il résulte que l'univers,
» pour les premiers hommes, fut rempli de dieux in-
» nombrables. » (VOLNEY.)

Après ce que nous venons de dire, nous de-
vrions être dispensés de prouver que le polythéisme n'a pas été la religion primitive du
genre humain. Car si Dieu, comme nous n'en
pouvons douter, a créé l'homme *intelligent*, il
a dû, en lui révélant de suite la vérité et la loi,
le mettre à même de faire le plus digne essai
possible de son intelligence. Il n'a pu lui donner,
de préférence aux animaux, le moyen de connaître la vérité, et le laisser dans un état où il
débuterait nécessairement par croire le mensonge.

Le témoignage de l'histoire s'unit encore ici
à celui de la raison pour attester que le *théisme*
a été la religion primitive des hommes. Ils crurent d'abord à un être suprême, éternel, tout-

puissant, et à travers les fables ou fictions les plus bizarres qu'ils inventèrent par la suite, on reconnut toujours un reste de cette pure croyance.

Les païens adoraient plusieurs dieux, mais un seul d'entre eux était *le père des dieux et des hommes, si élevé que rien ne lui était semblable* (1). Jamais ils n'ont admis qu'il y eût plusieurs dieux existans par eux-mêmes, indépendans les uns des autres. Toute erreur, dit Bossuet, est fondée sur une vérité dont on abuse; et un écrivain moderne a fort bien observé que l'idolâtrie n'était qu'une *putréfaction.* «Quelle vérité ne se trouve pas dans le paga- »nisme ? rien n'y est faux, mais tout est cor- »rompu(2).» Les hommes donc, persuadés dans le principe que le Dieu suprême se servait du ministère de certaines intelligences qui lui étaient inférieures, finirent par adorer ces intelligences et laissèrent s'altérer la pure croyance du premier être. Les peuples révérèrent particu-

(1)   ..... Πατὴρ ανδρῶν τε θεῶν τε. **Homère.**
       Hominum pater atque deorum. **Virgile.**
       Nec habet quidquàm simile. **Horace.**
(2) Soirées de Saint-Pétersbourg.

lièrement celles de ces intelligences qui étaient censées veiller à leur défense ; ils leur offrirent des sacrifices, et en firent bientôt autant de dieux. L'ignorance et la flatterie convertirent plus tard aussi les faits historiques en fictions merveilleuses, les rois et les héros en demi-dieux ; voilà comme s'est établi le paganisme, toujours moins grossier à mesure que l'on remonte dans l'antiquité ; car, si l'on en croit Lucien, les habitans de l'Égypte et de la Syrie n'avaient *anciennement* point d'idoles ni de statues dans leurs temples : les anciens Chaldéens faisaient profession de croire qu'il n'y a qu'un seul premier principe de toutes choses existant par lui-même. Numa défendit aux Romains « de s'imaginer que Dieu eût la forme » d'homme ou de bête ; et il n'y avait parmi eux » ni statues, ni aucune image de Dieu (1). S'ils » avaient des temples, c'était aux vertus qu'ils » étaient consacrés, pour signifier que ceux qui » possédaient ces vertus dans le cœur étaient » les temples des dieux mêmes (2). Ceux, dit

(1) Plutarque, *vie de Numa.*

(2) *Ut illi qui haberent virtutes illas, deos ipsos in animo collocatos putarent.* Cic. *de Legibus.*

16.

» Varron , qui par la suite firent des simulacres
» communiquèrent l'erreur qu'ils n'avaient pas
» reçue de leurs pères (1) ; et le célèbre chan-
» celier d'Angleterre conclut que la fable n'est
» que le tableau mutilé, ou le monument
» informe de cette première antiquité que
» le temps a comme ensevelie dans la nuit
» de l'oubli : c'est un voile tiré entre l'his-
» toire perdue et celle qui nous reste , mais un
» voile transparent qui laisse entrevoir la vé-
» rité. »

Tout annonce que l'ignorance a succédé à la
science, l'erreur à la vérité, comme la barbarie
aux lois sages et à la civilisation. « Le théisme
» s'est partout corrompu et a formé peu à peu les
» superstitions, les sectes extravagantes et nui-
» sibles dont le genre humain s'est infecté(2) ; »
mais ces fausses religions ont conservé entre
elles une analogie qui ne permet pas de douter
qu'elles ont une dérivation commune, et qu'il
a existé une affinité générale entre les habitans
du monde primitif à l'époque où ils s'écar-

(1) *Errorem non tradiderunt sed addiderunt.*
(2) C'est l'auteur du Système de la nature qui parle
ainsi : celui-là n'est pas suspect.

tèrent de l'adoration raisónnable du seul vrai Dieu.

Comment le genre humain tomba-t-il dans cet excès d'aveuglement que de perdre de vue la première des vérités? «C'est, dit Bossuet, parce » qu'à mesure qu'on s'éloignait de l'origine des » choses, les hommes brouillaient les idées qu'ils » avaient reçues de leurs ancêtres.... Le sens » humain abruti ne pouvait plus s'élever aux » choses intellectuelles, et les hommes ne vou- » lant plus adorer que ce qu'ils voyaient, l'ido- » lâtrie se répandit par tout l'univers.... Les » hommes portèrent la peine de s'être soumis » à leurs sens. Les sens décidèrent de tout, et » firent, malgré la raison, tous les dieux qu'on » adora sur la terre (1).»

(1) Bossuet, *Hist. univ.*

CHAPITRE IV.

«Si l'on nous demande à quelle époque naquit le sys-
» tème du *sabéisme* ou culte des astres, nous répon-
» drons, sur l'autorité des monumens de l'astronomie
» elle-même, que ses principes paraissent remonter
» avec certitude au-delà de *quinze mille ans*. Et si l'on
» demande à quel peuple il doit être attribué, nous
» répondrons que ces mêmes monumens, appuyés de
» traditions unanimes, l'attribuent aux premières
» peuplades d'Égypte.» (VOLNEY.)

Dès que les hommes eurent perdu de vue
la tradition primitive, et « qu'ensevelis dans la
» chair et dans le sang ils ne conservèrent plus
» qu'une idée obscure de la puissance divine,
» le soleil, les astres, qui se faisaient sentir de
» si loin, le feu et les élémens dont les effets
» étaient si universels, furent les premiers ob-
» jets de l'adoration publique (1).» Mais le sabéisme n'est pas davantage que le polythéisme

(1) Bossuet, *Hist. univ.*

la religion primitive du genre humain, malgré l'origine si reculée que lui assigne Volney.
Il s'est bien gardé d'entrer dans aucune preuve
de son assertion mensongère, c'était le cas
néanmoins de donner en forme un démenti à
Moïse ; mais il a compté sur la crédule bonne
foi de ses lecteurs. Il savait qu'il y en a un grand
nombre que l'on peut séduire sans beaucoup
de frais d'érudition ; il assure d'ailleurs qu'il
n'avance rien qui ne soit appuyé *sur l'autorité
des monumens astronomiques*, et tout le monde
n'est pas en état de prouver contre cette autorité que le culte des astres ne remonte pas
à *quinze mille ans*.

Il ne faut pas cependant être aussi instruit dans l'histoire de l'astronomie que l'é-
tait Volney, pour savoir à quoi s'en tenir sur
les monumens de cette science. Leur antiquité prétendue est rejetée par les savans qui
ont examiné cette question avec impartialité ;
il est facile de consulter leurs écrits. D'après
Bailly, les traces conservées de l'astronomie
chez les différens peuples de l'Asie remontent à
trois mille ans avant notre ère (1). M. Cuvier,

(1) **Lett.** à Voltaire sur les sciences.

dans son admirable discours sur la théorie de la terre, montre que l'histoire confirme les preuves géologiques de la nouveauté des continens ; et nous apprend ce qu'il faut penser des traditions de quelques anciens peuples qui reculaient leur origine de tant de milliers d'années. Nous n'avons de l'histoire de l'Asie occidentale que quelques extraits contradictoires qui ne vont avec un peu de certitude qu'à vingt-cinq siècles. Il est très probable que la grande réputation astronomique des Chaldéens leur a été faite à des époques récentes. L'antiquité de la science des Indiens n'est plus qu'une chimère depuis qu'il a été prouvé que l'époque qui sert de point de départ à quelques unes de leurs tables astronomiques a été adoptée après coup. « Les tables indiennes, dit » M. de la Place, indiquent une astronomie » plus perfectionnée, mais tout porte à croire » qu'elles ne sont pas d'une haute antiquité... » L'ensemble de ces tables, et surtout la con- » jonction du soleil, de la lune et des planètes » qu'elles supposent à la même époque, prou- » vent qu'elles ont été construites ou du moins » rectifiées dans des temps modernes. » (*Système du monde.*)

Le savant M. Delambre, dans son traité d'astronomie ancienne, démontre que les Indous n'ont jamais été véritablement observateurs; qu'ils n'ont pu avoir rien de précis à moins qu'ils ne l'aient reçu de leurs voisins, et que ces emprunts même n'ont eu lieu que fort tard (1).

Quant à la date des zodiaques sculptés dans des temples de la haute Egypte, quelques personnes, et pour cause, ont prétendu qu'ils portaient une date certaine et très reculée; mais des savans distingués ont prouvé le contraire. M. Delambre est persuadé que ces sculptures sont postérieures à Alexandre. M. Biot, dans un mémoire, lu en juillet dernier à l'académie, ne fait pas remonter le planisphère de Dendera plus haut que 700 ans avant notre ère; M. de Paravey ne lui donne pas même cette antiquité (2).

« Dupuis, dit M. Cuvier, qui avait besoin » pour ses *systèmes bizarres* sur l'origine des

(1) *Astronomie ancienne des Indiens*, pag. 517.

(2) M. Champollion vient d'établir d'une manière incontestable que le bas-relief et le zodiaque circulaire de Dendera ont été sculptés par des mains égyptiennes *sous la domination des Romains.*

» cultes, que les figures eussent été données
» très anciennement aux constellations, s'est at-
» taché à l'hypothèse qui attribue quinze mille
» ans au zodiaque : le fait est qu'on ne sait ni
» dans quel temps ni chez quel peuple le zo-
» diaque a été inventé avec ses figures ; ensuite
» cette haute antiquité de quinze mille ans en-
» traînerait cette conséquence absurde que les
» Égyptiens, ces hommes qui représentaient
» tout par des emblèmes, et qui devaient atta-
» cher un grand prix à ce que ces emblèmes
» fussent conformes aux idées qu'ils devaient
» peindre, auraient conservé les signes du zo-
» diaque des milliers d'années après qu'ils ne
» répondaient plus en aucune manière à leur
» sens primitif.

» En voilà sans doute autant qu'il en faut,
» conclut M. Cuvier après plusieurs autres
» raisons, pour dégoûter un esprit bien fait de
» chercher dans l'astronomie des preuves de
» l'antiquité des peuples. »

Il serait curieux par conséquent de savoir où
Volney a trouvé ces monumens astronomiques
qui font remonter *avec certitude* le culte des
astres à quinze mille ans. Ils ont échappé aux
recherches les plus minutieuses des savans

qui n'ont étudié que pour connaître la vérité et non pour appuyer l'erreur : ils auraient vu aussi clair que Volney dans la ténébreuse antiquité des peuples , s'ils eussent partagé sa haine fanatique contre la religion (1).

Au culte des astres succède , dans le livre *des Ruines* , celui des *êtres terrestres* par la confusion des symboles avec leurs modèles. La divinité fut ensuite la *double puissance* de la nature dans ses deux opérations principales de *production* et de *destruction ;* puis le monde animé sans distinction d'*agent* et de *patient*, d'*effet* et de *cause.* Telle est la chaîne des idées que l'esprit humain avait déjà parcourue à une époque antérieure aux récits positifs de l'histoire. Encore une fois , où sont les preuves de tout ce beau système ? Quels monumens, quels

(1) «Suivant Mohsin Fani, auteur du *Dabistan,* ou »vrage écrit en persan, qui traite de la religion des an »ciens Perses, la religion primitive de ce peuple fut une »ferme croyance dans un Dieu suprême qui a fait le »monde par sa puissance, et le gouverne par sa sagesse; »cette première croyance fut suivie par un culte de »l'armée du ciel ou du corps céleste; à celui-là suc »céda le culte du feu. » *Hist. de Perse ,* par John Malcolm, tom. 1.

livres , quelles traditions assez authentiques a-
t-on cités pour nous convaincre ? Les disciples de la raison n'exigeront pas sans doute que
nous jurions aveuglément *in verba magistri ;*
et puisque Volney, pour se faire croire, ne fournit d'autre autorité que la sienne , il nous sera
bien permis de regarder comme un roman
tout ce qu'il nous raconte de l'histoire reli-
gieuse des siècles qui précédèrent Moïse , dont
les livres sont sans contredit les plus anciens
qui soient au monde.

CHAPITRE VI.

«Moïse, qui voulut asseoir les bases de son gouvernement
»sur les préjugés religieux, proscrivit vainement le
»culte des symboles, son Dieu n'en fut pas moins un
»dieu égyptien de l'invention de ces prêtres dont
»Moïse avait été le disciple.............................
»C'est dans la théologie des Chaldéens, durant la
»captivité que le peuple hébreu puisa le dogme de
»l'immortalité de l'âme, inconnu à Moïse ou con-
»damné par son silence. » (VOLNEY.)

« Presque tout ce que les incrédules trouvent
» dans l'Écriture, dit le savant et profond Eu-
» ler(1), est pour eux une pierre d'achoppement,
» tandis que les récits les plus dénués de fonde-
» ment que leur fournissent d'autres livres leur
» paraissent très croyables dès qu'ils sont en
» opposition avec la Bible. »

(1) Un des hommes, disait Condorcet, les plus grands
et les plus extraordinaires que la nature ait jamais pro-
duits.

Volney nous fournit une belle preuve de cette mauvaise foi des incrédules, par sa manière d'attaquer la religion de Moïse. Rien n'était plus simple sans doute que de citer le livre de ce législateur, et de montrer par le texte lui-même que le Dieu des Hébreux *n'était que le Dieu inventé par les prêtres égyptiens;* mais Volney ne consulte ni Moïse, ni la croyance de son peuple, il aime mieux s'en rapporter sur ce point à un historien philosophe du paganisme qui vivait *quinze cents ans* après Moïse. Strabon a dit, et qui pourrait douter de son témoignage, excepté ceux qui ont lu le Pentateuque (1)? « que Moïse, qui fut un des prêtres » égyptiens, enseigne que c'était une erreur » monstrueuse de représenter la divinité sous la » forme des animaux, comme faisaient les Égyp- » tiens, ou sous les traits de l'homme, ainsi » que le pratiquent les Grecs et les Africains. » Cela seul est la *divinité*, disait-il, qui com- » pose le ciel, la terre et tous les êtres, ce que » nous appelons le *monde, l'universalité des* » *choses, la nature.* Or, personne d'un esprit » raisonnable ne s'avisera d'en représenter

______

(1) On appelle ainsi les cinq livres de Moïse.

» l'image par quelqu'une des choses qui nous
» environnent ; c'est pourquoi, rejetant toute
» espèce de simulacre, Moïse voulut qu'on ado-
» rât cette divinité sans emblème et sous sa
» propre nature ; il ordonna qu'on lui élevât un
» temple digne d'elle. »

Ce passage de Strabon paraît à Volney d'une autorité irréfragable , et il se hâte de conclure «que la théologie de Moïse n'a donc point dif-» féré de celle des sectateurs de *l'âme du monde*, » c'est-à-dire des stoïciens, voire même des épi-» curiens (1). » Nous n'accuserons pas Strabon, qui pouvait fort bien ne connaître Moïse que de réputation ; mais que devons-nous penser du philosophe du 19ᵉ siècle ? dirons-nous pour son honneur qu'il a aussi péché par *ignorance?* C'est en vérité le seul moyen de sauver sa bonne foi, car il ne se serait pas avisé de nous citer Strabon s'il eût ouvert les livres de Moïse, et il n'aurait pas présenté à ses lecteurs ce grand homme comme un imposteur habile ,

(1) Volney n'admet pas toujours avec autant de do-cilité le témoignage des auteurs profanes ; nous le ver-rons, à l'article *du christianisme,* rejeter comme falsifié un texte de Tacite qui ne lui convenait pas.

s'il eût connu sa doctrine, sa législation, ses traditions, que rien encore n'a pu démentir depuis plus de trois mille ans.

On pouvait dire du temps de Moïse ce que Tacite disait si long-temps après en parlant des Égyptiens et des Juifs : « Les Égyptiens ho-
» norent la plupart des animaux, et des figures
» composées de différentes espèces ; les Juifs
» conçoivent un seul Dieu par la pensée, Dieu
» souverain, Dieu éternel, Dieu immuable et
» qui ne peut pas cesser d'être (1). »

Au temps de Moïse, le vrai Dieu n'était plus connu en Égypte comme le Dieu de tous les peuples de l'univers, mais comme *le Dieu des Hébreux*. On adorait jusqu'aux bêtes et aux reptiles ; l'idolâtrie couvrait la face de la terre, la postérité seule d'Abraham en était exempte. « On ne voit point d'idole en Jacob, disaient
» ses ennemis, on n'y voit point de présages
» superstitieux, on n'y voit point de divinations
» ni de sortiléges ; c'est un peuple qui se fie au

____

(1) *Judæi mente solá unumque numen intelligunt :
....summum illud et æternum, neque mutabile, neque interiturum.* Hist. lib. 5. Ce passage vaut bien celui de Strabon.

»Seigneur son Dieu, dont la puissance est in-
»vincible (1).»

Les nations voisines s'abandonnaient à l'idolâtrie, au culte des astres, et à toutes sortes de
superstitions, elles sacrifiaient des victimes
humaines à leurs infâmes divinités ; rien de
semblable ne souillait le culte des Hébreux.
« Je suis celui qui est, avait dit le Seigneur
»à Israël : tu n'auras point d'autre Dieu que
» moi ; tu ne feras point de simulacre pour les
» adorer; tu adoreras le Seigneur, et tu ne ser-
» viras que lui ; tu aimeras l'Éternel ton Dieu de
» tout ton cœur, de toute ton âme et de toutes
» tes forces (2). Gardez soigneusement vos âmes,
» avait dit Moïse, de peur que, levant les yeux
» au ciel, et voyant le soleil, la lune et tous
» les astres du ciel, vous ne tombiez dans l'er-
» reur et n'adoriez et n'honoriez les choses que
» le Seigneur a créées pour servir à toutes les
» nations qui sont sous le ciel (3). »

(1) Num. 23.

(2) Exod.

(3) Comparez ces paroles avec celles-ci de Strabon :
« Cela seul est la *divinité*, disait Moïse, qui compose le
» ciel, la terre et tous les êtres, ce que nous appelons
» le *monde*. »

Voilà le culte pur de l'esprit et du cœur prescrit par Moïse, voilà le Dieu qu'il propose dans ses écrits comme le seul qu'il faille servir et adorer. Nous accordons sans peine à Volney que ce n'est pas Moïse qui a *inventé* ce Dieu; les patriarches l'avaient adoré avant lui, car c'est le Dieu d'Abraham, d'Isaac et de Jacob; mais nous défions l'auteur *des Ruines* de prouver que le Dieu des Hébreux soit de l'invention des magiciens de Pharaon.

Moïse instruit de la sagesse humaine des Égyptiens, condamna leurs superstitions; il n'a pas davantage copié leurs livres, que plus tard saint Paul, élevé à l'école de Gamaliel, ne puisa la matière de ses épîtres dans les livres des rabbins. Si les Égyptiens avaient fourni à Moïse toutes ses lumières, pourquoi donc plus de mille ans après, lorsqu'Hérodote alla en Égypte pour s'instruire, n'en rapporta-t-il presque que des fables ? « Pourquoi, vers le même siècle » où la peuplade israélite sortit d'Égypte pour » porter en Palestine le dogme sublime de l'u- » nité de Dieu, voit-on d'autres colons sortir du » même pays pour porter en Grèce une religion » plus grossière, du moins à l'extérieur, quelles » que fussent d'ailleurs les doctrines secrètes

» qu'elle révélât à ses initiés (1)? » Moïse re-
cueillit l'histoire des siècles passés ; éclairé
d'une lumière divine, ce fut dans la source
pure de la tradition encore si récente des patriarches qu'il puisa cette belle philosophie
qui nous donne une idée si sublime du premier être ; cette connaissance de l'origine du
monde, celle de l'homme et de sa chute, qui
nous explique tant de mystères (2).

Au lieu d'attaquer Moïse sur l'époque si
rapprochée qu'il assigne à l'origine de l'espèce
humaine, on devrait au contraire reconnaître
en cela un caractère frappant de vérité : car
qui l'empêchait de faire aussi, comme certains
imposteurs de notre siècle, remonter ses traditions à *quinze mille ans*, et de bâtir d'imagination un système religieux qui se serait
perdu dans la nuit des temps ? Quel intérêt

(1) Cuvier, *Disc. prélim. sur la théorie de la terre.*

(2) « Sans le mystère du péché originel, dit Pascal,
mystère le plus incompréhensible de tous, nous sommes incompréhensibles à nous-mêmes. Le nœud de
notre condition prend ses retours et ses plis dans cet
abîme, de sorte que l'homme est plus inconcevable sans
ce mystère, que ce mystère n'est inconcevable à
l'homme. » Pascal, *Pensées.*

17.

avait-il d'abréger la durée des nations? S'il n'avait pas été certain de la vérité de ce qu'il écrivait, eût-il jamais osé, au milieu d'un peuple comme les Égyptiens, s'exposer à être formellement démenti par des annales authentiques? et le peuple hébreu lui-même qu'eût-il pensé d'une pareille nouveauté, si contraire à tout ce qu'il aurait cru jusqu'alors ? Les vieillards contemporains de Moïse avaient pu converser avec le patriarche Jacob, qui avait vu Abraham, lequel avait vécu avec les enfans de Noé, témoins du déluge.

Les traditions étaient donc trop récentes pour être contestées, et assurément à cette époque les Égyptiens ne s'étaient pas donné cette antiquité dans laquelle ils ont aimé depuis à cacher les commencemens de leur histoire, quoique Hérodote assure qu'elle n'a de certitude que depuis Psammitique, c'est-à-dire six à sept cents ans avant Jésus-Christ.

Malgré les efforts des incrédules pour soutenir cette antiquité chimérique, ils ne sont point encore parvenus à convaincre d'imposture ou d'erreur le récit de la Genèse, ils ont même le déplaisir de voir qu'aujourd'hui les découvertes géologiques se joignent au témoignage

de l'histoire pour confirmer dans l'esprit des
savans l'autorité de Moïse. « En examinant
» bien, dit M. Cuvier dans le discours déjà
» cité, ce qui s'est passé à la surface du globe
» depuis qu'elle a été mise à sec pour la der-
» nière fois, et que les continens ont pris leur
» forme actuelle, au moins dans leurs parties
» un peu élevées, l'on voit clairement que cette
» dernière révolution et par conséquent l'éta-
» blissement de nos sociétés actuelles ne peu-
» vent pas être très anciens. C'est un des ré-
» sultats à la fois les mieux prouvés et les moins
» attendus de la saine géologie, résultat d'au-
» tant plus précieux qu'il lie d'une chaîne non
» interrompue l'histoire naturelle et l'histoire
» civile…. Partout la nature nous tient le même
» langage : partout elle nous dit que l'ordre ac-
» tuel des choses ne remonte pas très haut ; et,
» ce qui est bien remarquable, partout l'homme
» nous parle comme la nature, soit que nous
» consultions les vraies traditions des peuples,
» soit que nous examinions leur état moral et
» politique, et le développement intellectuel
» qu'ils avaient atteint au moment où commen-
» cent leurs monumens authentiques. En effet,
» bien qu'au premier coup d'œil les traditions

» de quelques anciens peuples qui reculaient leur
» origine de tant de milliers de siècles, semblent
» contredire fortement cette nouveauté du
» monde actuel, lorsqu'on examine de plus
» près ces traditions, on n'est pas long-temps
» à s'apercevoir qu'elles n'ont rien d'historique ;
» on est bientôt convaincu au contraire que la
» véritable histoire, et tout ce qu'elle nous a
» conservé de documens positifs sur les premiers
» établissemens des nations, confirme ce que
» les monumens naturels avaient annoncé.

La catastrophe du déluge, rapportée par
Moïse, n'est pas moins confirmée par les observations géologiques que par les traditions des
différens peuples ; on peut consulter sur cette
matière MM. Deluc et Dolomieu, avec lesquels
M. Cuvier pense « que s'il y a quelque chose de
» constaté en géologie, c'est que la surface de
» notre globe a été victime d'une grande et su-
» bite révolution dont la date ne peut remon-
» ter beaucoup au delà *de cinq à six mille ans.*

Quant aux traditions historiques du déluge,
plus ou moins altérées, on peut lire celles qui se
trouvent à la fin de cette dissertation (note A).

Ainsi, aux yeux d'un homme de bonne foi,
la vérité du récit de la Genèse est appuyée

sur la double autorité de l'histoire et de la science.

Nous pourrions encore, si nous voulions nous étendre davantage, faire quelques observations qui acheveraient de prouver que non seulement Moïse n'a rien dit qui ait été démenti jusqu'à présent, mais de plus qu'il a dû être éclairé d'une lumière surnaturelle. C'est la remarque du savant M. Deluc. Moïse nous dit que les plantes furent créées en premier lieu, ensuite les poissons et les oiseaux, enfin les quadrupèdes : or, cet ordre de création est attesté par les phénomènes géologiques, puisque l'observation prouve que les débris des quadrupèdes se trouvent en général plus rapprochés de la surface de la terre que ceux des poissons et des oiseaux, de manière que ces dépouilles végétales et animales suivent dans leur degré de profondeur l'ordre des jours ou *époques* (1) de la création, tels que Moïse les a déterminés.

D'après la Genèse, la lumière fut créée avant le soleil; qui donc avait appris à Moïse à considérer le soleil comme une masse opaque et

(1) Rien ne s'oppose à ce qu'on regarde les six jours

obscure, au centre d'une atmosphère en perpé-
tuelle incandescence? et la lumière comme un
fluide répandu dans l'espace et dont l'existence
ne dépend pas nécessairement de celle du soleil? Le récit de la Genèse n'est pas celui d'un
naturaliste ou d'un astronome (1) : les hommes
d'alors n'avaient point encore eu le temps d'ob-
server; les traces qui nous restent des connais-
sances des plus anciens peuples suffisent pour
nous en persuader. Au temps de Moïse on ne
possédait pas la science que nous nommons
aujourd'hui *histoire naturelle*, c'est-à-dire la
collection des phénomènes observés à la surface actuelle de la terre par la succession des
hommes. La Genèse, remarque encore M. Deluc, n'est point un système de *cosmologie*, c'est
un simple récit d'événemens. Entre ces événemens, tous ceux qui sont détaillés sont de nature à avoir laissé des traces sur la terre....Si
l'histoire naturelle et celle des hommes nous
découvrent ces traces, le récit entier est con-
firmé par le seul moyen qu'aient les hommes de

de la création comme *six époques*. Ce sentiment ne
blesse en rien la foi de l'Église.

(1) *Voyez* la note D.

connaître la vérité dans les objets de ce genre (1).

C'est donc en vain qu'on a employé contre le livre de Moïse les obscurités de la chronologie, les traditions fabuleuses des anciens peuples, et tout ce que l'histoire, la science, les religions de l'Orient peuvent fournir de difficultés pour l'attaquer. Ce divin livre a traversé les siècles sans rien perdre de son autorité. Il a été lu et commenté par les hommes les plus célèbres, ils ont cru les vérités qu'il renferme, elles ne peuvent être rejetées que par l'ignorance ou la mauvaise foi.

Nous terminerons cet article en réfutant une calomnie grossière que Volney a répétée après Voltaire ; savoir, que le peuple hébreu avait ignoré d'abord le dogme de l'immortalité de l'âme. Quel homme de bon sens pourra jamais croire qu'un dogme, fondement essentiel de la morale, connu de tous les peuples de l'antiquité, ait été ignoré du seul peuple qui, au milieu de l'idolâtrie de ses voisins, a constamment adoré le Dieu unique créateur du

(1) Voyez les savans prolégomènes du Pentateuque dans la Bible de M. de Genoude, et l'ouvrage de M. Deluc.

ciel et de la terre. Ce dogme est aussi naturel que celui de l'existence de Dieu, on le trouve partout, même chez les peuples sauvages; c'est bien le moins qu'on le trouve aussi chez les Hébreux sans qu'ils aient eu besoin de l'emprunter des Chaldéens idolâtres.

Nous ne sommes pas réduits à former sur ce point de simples conjectures ; nous avons des livres écrits avant la captivité de Babylone, dans lesquels la croyance de l'immortalité de l'âme est supposée ou clairement exprimée en plusieurs endroits différens. Sans parler du livre des Psaumes et des prophéties d'Isaïe, nous ne citerons que le Pentateuque, dont l'intégrité est aussi incontestable que l'antiquité, puisque les Samaritains, séparés des Juifs avant la transmigration par un schisme qui dure encore, conservent ces livres de Moïse avec les anciens caractères hébreux, comme au temps de David et de Salomon.

Si donc Moïse ignorait ou condamnait le dogme de l'immortalité de l'âme, que signifie, dès les premières pages de la Genèse, cette promesse du Rédempteur faite à nos premiers parens? Et cette autre promesse de Dieu qui dit à Abraham : *Je serai moi-même ta grande ré-*

*compense, viens en la terre que je te montrerai,
et je ferai sortir de toi un grand peuple, et en
toi seront bénies toutes les nations de la terre* (1)?

La même promesse fut réitérée à Isaac et à
Jacob, et Dieu, par la suite. la rappelant à
Moïse, se nomme le Dieu d'Abraham, d'Isaac
et de Jacob, comme qui dirait le Dieu des promesses. Si ces patriarches avaient dû mourir
tout entiers, comment Dieu aurait-il été *leur plus
grande récompense?* Que leur aurait servi de
saluer de loin l'accomplissement des promesses
magnifiques dont ils ne devaient ressentir aucun
bien? Ils seraient morts, comme s'exprime Jacob, après *des jours courts et mauvais,* n'empor-
tant avec eux que des regrets et l'affreuse pensée
de leur anéantissement. Mais leur foi assurément fut consolée par de meilleures espérances;
ils attendaient une autre patrie que cette terre
sur laquelle ils se considéraient comme étrangers et voyageurs. Jacob, sur le point d'expirer,
dit à ses fils qui entourent son lit de mort : « *Je
vais me réunir à mon peuple; ensevelissez-moi avec
mes pères.* » Il venait de prédire à ses douze fils
ce qui devait leur arriver *dans les jours derniers,*

---

(1) Genèse, 12.

à Juda particulièrement, « que le sceptre ne
» sortirait pas de sa race, ni le prince de sa pos-
» térité, jusqu'à ce que vienne celui à qui appar-
» tient le sceptre, qui est *l'attente des nations* (1). »
pour lui, sur le point de se *réunir à son peuple,* il devait *attendre* avec ses pères *le salut
du Seigneur* (2).

Sans entrer dans plus de détails sur cette
question qui a été traitée à fond par les apologistes de la religion, nous invitons ceux qui
auraient quelque doute à lire le Pentateuque
et le livre des Psaumes, il leur sera facile de se
convaincre que la législation de Moïse n'est
pas celle d'un matérialiste. Le culte de l'ancienne loi et ses nombreuses observances ; ces
précautions, pour ainsi dire minutieuses, pour
empêcher les Hébreux de déplaire à Dieu par
la moindre idolâtrie ; le choix particulier de ce
peuple pour conserver le dépôt de la vérité ;
Dieu lui-même qui prescrit les lois, et règle
jusqu'aux moindres formes de ce gouvernement ; ce que l'auteur des Psaumes répète si
souvent, touchant le bonheur futur des justes,

(1) Gen. 49.
(2) *Salutare tuum exspectabo, Domine.*

et la prospérité si passagère des méchans, tout prouve évidemment que les Israélites croyaient à une autre vie après celle-ci, et qu'en servant fidèlement le Dieu d'Abraham, ils attendaient qu'il fût un jour, suivant sa promesse, *leur plus grande récompense* (1).

(1) « Ce qui me surprend, dit l'incrédule Fréret, » c'est de voir que la plupart des commentateurs de l'É- » criture se plaignent de n'y trouver aucune preuve » claire que les Juifs, au temps de Moïse, crussent l'im- » mortalité de l'âme. Comment n'ont-ils pas vu que la » pratique interdite aux Juifs, et commune chez les Ca- » nanéens, de consulter les morts, suppose que l'exis- » tence des âmes, séparées des corps par la mort, était » alors une opinion générale et populaire? car il serait » absurde de penser qu'on interrogeât ce qu'on croyait » ne pas exister. » (*Mémoires de littérature*, tom. 23.)

CHAPITRE VII.

CHRISTIANISME, OU CULTE ALLÉGORIQUE DU SOLEIL!!! (Volney, p. 226.)

« Les traditions sacrées et mythologiques des temps an-
» térieurs avaient répandu dans toute l'Asie la croyance
» d'un *grand médiateur* qui devait venir, d'un *juge*
» *final*, d'un *sauveur futur, roi, Dieu conquérant* et
» *législateur*, qui ramènerait l'âge d'or sur la terre,
» et délivrerait les hommes de l'empire du mal.......
» Dès que les Juifs comptèrent près de six mille ans
» depuis la création fictive du monde, ils ne s'occupè-
» rent plus que d'une fin prochaine; on attendit le
» *réparateur;* à force d'en parler quelqu'un dit l'avoir
» vu, ou même un individu exalté crut l'être, et se fit
» des partisans, lesquels privés de leur chef par un in-
» cident, vrai sans doute, mais passé obscurément, don-
» nèrent lieu par leurs récits à une rumeur graduelle-
» ment organisée en histoire...... Tout le monde sait,
» disait Fauste, qui, quoique manichéen, fut un des
» plus savans hommes du troisième siècle, tout le
» monde sait que les évangiles n'ont été écrits ni par
» Jésus-Christ ni par ses apôtres, mais *long-temps* après
» par des inconnus qui, jugeant bien qu'on ne les croi-
» rait pas sur des choses qu'ils n'avaient pas vues, mi-

»rent à la tête de leurs écrits des noms d'apôtres ou
»d'hommes apostoliques et contemporains.......... Il
»résulte de tout ce que l'on a écrit pour et contre que
»l'origine précise du christianisme n'est pas connue,
»que les prétendus témoignages de Josèphe (*Antiq.*
»*jud.*) et de Tacite (*Annal.*, liv. 15) ont été interpolés
»vers le temps du concile de Nicée, et que personne n'a
»encore mis en évidence le fait radical, c'est-à-dire
»l'*existence* réelle du personnage qui a occasioné le
»système. Sans cette existence néanmoins, il serait
»difficile de concevoir l'apparition du système à son
»époque connue, encore qu'il ne soit pas sans exem-
»ple dans l'histoire de voir des suppositions gratuites
»et absolues. Pour résoudre ce problème vraiment
»curieux et important, il faudrait qu'un esprit doué
»de sagacité, muni d'instruction et surtout d'impar-
»tialité, profitant des recherches déjà faites, y ajou-
»tât un tableau comparatif de la doctrine des boudistes,
»et spécialement de la secte de Samana Goutama,
»contemporain de Cyrus; qu'il examinât quelle fut
»la facilité des communications de l'Inde avec la Perse
»et la Syrie, surtout depuis le règne de Darius Hys-
»taspe, qui, selon Agathias et Ammien, consulta les
»sages de l'Inde, et introduisit plusieurs de leurs
»idées chez les mages..... Alors il ne resterait plus
»qu'à examiner si, toutes choses étant ainsi préparées,
»l'exaltation générale des esprits n'a pas pu susciter
»un individu qui aurait rempli le rôle désigné, soit
»que lui-même se fût cru et annoncé pour être le
»personnage attendu, soit que ce fût la multitude

» qui, enthousiasmée de sa conduite, de sa doctrine et
» de ses prédications, lui en eût attribué l'emploi; dans
» l'un et l'autre cas, il serait conforme aux probabi-
» lités humaines que des attroupemens populaires
» eussent excité la surveillance et l'inquiétude du
» gouvernement romain, et qu'enfin un incident re-
» marquable, tel que l'entrée en Jérusalem, eût dé-
» terminé le préfet à une mesure de rigueur, à un acte
» de sévice, qui aurait brusquement terminé le drame,
» à peu près comme il est raconté ; mais qui n'aurait
» fait qu'accroître l'intérêt pour le personnage regretté,
» et par là donné lieu à des récits, à des associations
» dont le résultat cadrerait parfaitement avec l'état de
» choses qui apparaît ensuite dans l'histoire. Sans
» doute là où manque son témoignage positif, l'on ne
» pourrait établir ce qu'on appelle certitude morale,
» mais par l'enchaînement des causes et des effets on
» pourrait arriver à un degré de probabilité qui en
» produirait l'effet; puisque d'ailleurs avec les témoi-
» gnages les plus positifs, l'histoire n'a jamais de droit
» qu'aux plus ou moins grandes probabilités. »

(VOLNEY.)

Que penser de l'ignorance en matière de religion ou de l'impiété d'un siècle qui accueil-
lerait de pareilles absurdités, et une mauvaise foi
aussi dégoûtante? L'auteur de l'article que nous
venons de citer s'est abandonné ici à toute sa
haine contre le christianisme, il n'a plus gardé

de mesure, et ne s'est point aperçu qu'à force
d'exagération il mériterait qu'on lui appliquât
cet axiome : *Qui trop prouve ne prouve rien.* Ce
que Volney n'a pas craint d'avancer sur la personne du divin fondateur et sur l'origine de
notre religion, sera certainement pour tout lecteur impartial la plus belle réfutation du livre
des *Ruines.* Quelle idée en effet pourra-t-on
concevoir de la bonne foi d'un homme qui
parle avec tant d'assurance des systèmes divers
de religion qui, selon lui, se succédèrent dans
les premiers âges du monde; qui semble voir
si clairement ce qui se passa à une époque plus
reculée que celle des traditions historiques les
plus anciennes, et qui affecte de ne trouver
qu'obscurité et incertitude dans les circonstances du fait le plus important, le plus généralement connu, qui ait jamais eu lieu sur la
terre, l'établissement du christianisme? Ce fait,
que personne encore ne s'était avisé de révo-
quer en doute, occupa pendant trois siècles
la politique des empereurs romains; il changea
la face de l'Europe et de l'Asie; ses conséquences non interrompues existent aujourd'hui
jusque dans les contrées les plus éloignées; et
c'est au bout de deux mille ans que Volney

essaie de jeter le voile de l'incrédulité sur une vérité que nos plus grands ennemis n'ont jamais pensé à nier, c'est-à-dire sur l'existence de Jésus-Christ et l'origine du christianisme à l'époque si connue et si célèbre du siècle d'Auguste!

Nous n'entreprendrons pas un traité complet de religion pour réfuter ces paradoxes inouïs ; assez d'autres ont vengé depuis long-temps le christianisme des attaques et des sophismes de l'incrédulité : mais, comme nous l'avons annoncé, nous nous bornerons à convaincre Volney de *mauvaise foi ;* c'est le plus grand tort que nous puissions lui faire dans l'esprit d'une jeunesse qui peut bien se laisser séduire par l'apparence de la vérité, mais qui repoussera toujours avec horreur la tromperie et le mensonge manifeste.

Voici donc les propositions qui résultent de tout ce que Volney a écrit contre le christianisme, et c'est à les réfuter que nous bornerons notre travail pour éclairer ceux qui n'ont point assez étudié la partie historique de la religion :

1° L'origine précise du christianisme n'est pas connue.

2° L'existence réelle de celui qui a occa-

sioné ce système de religion n'est pas évidemment démontrée.

3° Si ce personnage a existé, nous n'avons
que des probabilités sur sa vie et sur ses actions, dont l'histoire n'a été écrite que long-
temps après.

4° Il est enfin très probable que la croyance
des dogmes chrétiens passa originairement de
l'Inde dans l'Asie.

Nous avons déjà prouvé plus d'une fois que
Volney comptait beaucoup sur la crédulité de
ses lecteurs et sur leur ignorance en histoire ;
mais, en vérité, il porte ici la confiance jusqu'à l'insulte. A qui donc pense-t-il avoir affaire? à qui espère-t-il en imposer, lorsqu'il
ose, avec tant d'impudeur, nier jusqu'à la réalité d'un fait auquel se rattachent tant d'événemens importans de l'histoire depuis dix-
huit siècles? Libre à lui, s'il le veut, de nier
aussi l'existence du soleil ; mais, en revanche,
libre à nous de le regarder comme un homme
que la rage de l'impiété fait déraisonner, et qui
a perdu tous les-droits d'un écrivain sensé et
de bonne foi.

C'est par des témoignages historiques et contemporains que nous réfuterons victorieuse-

ment les trois premières propositions ci-dessus énoncées. Rien ne pourrait nous empêcher de recourir à l'autorité des plus anciens apologistes de notre religion, de ces hommes qui, au péril de leur vie, défendirent publiquement, et avec tant d'éloquence, la cause de l'Évangile ; mais ce n'est pas dans leurs écrits que nous voulons chercher des preuves ; celles que nous fourniront les ennemis du christianisme conviendront mieux au grand nombre de nos lecteurs. Ce sont les juifs et les païens que nous citerons comme témoins de la mauvaise foi de Volney. Certaines gens ne suspecteront pas sans doute la véracité d'un Celse, d'un Porphyre et de cet empereur Julien, qui, *chrétien apostat* lui-même, aurait aussi voulu anéantir le Dieu qu'il avait abandonné. Ces anciens adversaires de la religion chrétienne ne le cédèrent en rien à ceux de notre temps, qui n'ont fait que répéter leurs calomnies et suivre leur plan d'attaque. Les disciples peuvent, il est vrai, avoir acquis plus d'expérience et une tactique plus exercée ; mais, lorsqu'il s'agit de faits historiques, ils n'ont pas le droit d'être plus incrédules que leurs maîtres, qui en furent, pour ainsi dire, les témoins oculaires, et qui les ont avoués unanimement; tels sont d'abord les faits de l'origine du christianisme et de l'existence de son auteur.

Les écrivains et les philosophes païens ont calomnié la religion chrétienne, combattu ses dogmes, nié la divinité de Jésus-Christ; mais tous ont été d'accord sur l'origine de notre religion, sur l'existence de son fondateur, le temps où il a vécu, le pays qu'il a habité et le genre de mort que ceux de sa nation lui ont fait subir. En faut-il davantage pour convaincre, je ne dirai pas d'ignorance, mais de la plus grossière imposture, celui qui avait lu comme nous les témoignages suivans que nous rapportons textuellement ?

« Les chrétiens, dit Tacite, étaient des gens » haïs pour leur infamie. Le peuple les appe-» lait *chrétiens* à cause du *Christ*, leur auteur, » qui fut puni du dernier supplice, sous le » règne de Tibère, par Ponce Pilate, gouver-» neur de la Judée.... (1). »

(1) On voit que cet écrivain célèbre ajouta foi aux calomnies répandues de son temps contre les chrétiens. Avec un peu d'examen, il se fût convaincu que ceux qui renonçaient à leurs biens, à leur vie même, pour se faire disciples de l'Évangile, étaient incapables des

Suétone dit, en parlant de la persécution de Néron contre le christianisme : «Il punit de » divers supplices les chrétiens, espèce d'hom- » mes d'une superstition *nouvelle* (1).»

infamies dont on les accusait. Pline, dans sa lettre à l'empereur Trajan, au sujet des chrétiens, dit que ceux mêmes d'entre eux qu'il avait forcés par la crainte des supplices à charger le Christ de malédictions « assu- » raient que toute leur erreur ou leur faute avait été de » s'assembler, à un jour marqué, avant le lever du soleil, » pour chanter tour à tour des vers à la louange du Christ, » comme s'il eût été Dieu ; qu'ils s'engageaient par ser- » ment, non à quelque crime, mais à ne point commettre » de vol ni d'adultère, à ne point manquer à leur pro- » messe, à ne point nier un dépôt........................»

« Je prends à témoin vos registres, disait Tertullien » aux magistrats de Rome, vous qui jugez tous les jours » les prisonniers, qui condamnez tant d'hommes coupa- » bles de toutes sortes de crimes, s'en trouve-t-il un » seul parmi eux qui soit chrétien? Ou parmi ceux qui » vous sont déférés comme chrétiens, s'en trouve-t-il un » seul coupable d'aucun de ces crimes?... Nul d'entre » eux n'est chrétien, ou il n'est chargé de chaînes que » comme chrétien : s'il est coupable de quelque autre » crime, non il n'est point chrétien. » (Apologie de Ter- tullien.)

(1) *Afflicti suppliciis christiani, genus hominum superstitionis novæ. (Vita Neronis.)*

Celse, philosophe épicurien du 2ᵉ siècle, reproche à Jésus-Christ « d'être né dans un vil-
»lage de Judée, d'une pauvre femme.... » Il
reproche également aux chrétiens « d'adorer
»un homme né *depuis peu*.... Le maître des
»chrétiens, dit-il, a été crucifié... cloué à une
»croix.... (1). »

Dans l'une des histoires de Jésus-Christ composées bien anciennement par les juifs, on
trouve le récit de la passion, qui est le même
à peu près que celui des évangélistes, quant
aux circonstances les plus importantes. On y
lit que Judas « livra son maître, que les ci-
»toyens de Jérusalem bien armés se saisirent
»de Jésus, et que les sénateurs le firent atta-
»cher à une colonne de marbre qui était dans
»la ville ; qu'ils le firent ensuite fouetter et
»couronner d'épines ; que Jésus ayant eu soif,
»on lui donna du vinaigre à boire ; qu'il cria
»en pleurant : Mon Dieu, mon Dieu, pourquoi
»m'avez-vous abandonné ? et qu'enfin ce fut la
»veille de Pâques qu'il fut pendu (2). »

____

(1) Ἐκ κώμης αὐτὸν γεγονεναι Ἰουδαϊκῆς... καὶ ἀπὸ γυναικὸς
ἐγχωρίου... τὸν ἔναγχος φανένθα τοῦτον ὑπερθρησκεύουσι... ὁ δι-
δάσκαλος αὐτῶν σταυρῷ ἐνηλώθη.

2) On trouve la narration tout entière dans un ou-

Voilà donc d'abord les juifs et les païens d'accord avec nous sur l'existence de Jésus-Christ, le temps et lieu où il vécut, le genre et même l'époque précise de sa mort. Volney, pressé par la force de ces témoignages de la plus haute antiquité, avouera peut-être, quoi-qu'à regret, qu'il serait par trop fort de nier l'existence de Jésus-Christ; mais il se dédommagera aussitôt de ce que lui coûte cet aveu, en disant que si ce personnage a existé, nous n'avons que des *probabilités* sur sa vie et sur ses actions, dont l'histoire n'a été écrite que *long-temps après.*

Ce sont encore les juifs et les païens qui, dans des livres dictés par la haine contre le christianisme, nous prouveront que de leur temps on avait plus que des *probabilités* sur la vie et les actions de Jésus-Christ, et, chose étonnante, que ses prodiges eux-mêmes étaient crus par ceux qui niaient sa divinité. Nous lisons dans l'Évangile que les juifs ne contestaient pas la réalité des miracles de Jésus-Christ, opérés sous leurs yeux, mais qu'ils les

____

(1) [illegible Greek] .... dans un ou-vrage intitulé, *Tela ignea Satanæ,* et publié en Hébreu par Wagenseil........

attribuaient à la puissance du démon; cette absurde croyance a été depuis celle de leurs anciens docteurs. Tous ont attribué les prodiges du
Fils de Dieu soit à la magie , soit à la vertu du
nom ineffable de Jéhovah trouvé dans le temple.
«Il y avait, disent-ils, dans la partie la plus sainte
» du temple , qu'on appelait le saint des saints ,
» une pierre , sur laquelle était gravé le nom
» ineffable de Dieu... Jésus étant entré dans le
» temple , il y apprit ce nom ineffable ; il l'écri-
» vit sur du parchemin , et ayant prononcé ce
» nom pour ne sentir aucune douleur , il se
» fit une incision dans la chair , où il cacha ce
» parchemin. Étant sorti de Jérusalem , il ouvrit
» la plaie qu'il s'était faite , en tira le parche-
» min, et apprit parfaitement le nom ineffable ;
» il passa aussitôt à Bethléem , lieu de sa nais-
» sance, où il ressuscita un mort et guérit un lé-
» preux en prononçant le nom ineffable (1). »
Quoi qu'il en soit de ce conte ridicule inventé par les talmudistes, il en résulte toujours
qu'ils n'ont point osé nier les actions miracu-
leuses de Jésus-Christ : les païens n'ont été ni
moins sincères ni moins déraisonnables.

____

(1) *Histoire de J.-C.*, publiée par **Wagenseil**.

Celse dit que les chrétiens ont cru que « Jésus
» était Fils de Dieu parce qu'il a guéri des boiteux
» et des aveugles... Il croit que ces miracles de
» Jésus étaient des opérations magiques (1). »

Les païens disent, dans Arnobe, que «Jésus-
» Christ a été un magicien ; que c'est par des
» sciences secrètes qu'il a opéré tout ce qu'il a
» fait d'extraordinaire (2). »

L'empereur Julien, surnommé l'apostat, dit
que « Jésus n'a rien fait de mémorable, à
» moins que l'on ne veuille regarder comme
» quelque chose de grand, d'avoir guéri des boi-
» teux et des aveugles, et d'avoir conjuré les
» démons dans les villages de Bethsaïde et de
» Béthanie (3). »

L'empereur Adrien avait du chef de notre religion une si haute opinion, qu'il voulut le faire
recevoir au nombre des dieux du capitole (4).

(1) Ὅτι διὰ τοῦτο ἐνόμισαν αὐτον εἶναι υἱὸν τοῦ θεοῦ, ἐπεὶ χω-
λοὺς καὶ τυφλοὺς ἐθεράπευσε.

(2) *Magus fuit ; clandestinis artibus omnia illa perfecit.*
Liv. I.

(3) Ἔργον οὐδὲν ἀκοῆς ἄξιον, εἰ μή τις οἴεται τοὺς χυλλοὺς καὶ
τυφλοὺς ἰᾶσθαι.

(4) *Templum Christo facere voluit, eumque inter Deos
recipere. Lampride,* historien du 4e siècle.

Voici enfin le témoignage célèbre que rendit à J.-C. Josèphe, prêtre et historien juif : «En »même temps parut Jésus , homme sage , si »toutefois on doit l'appeler homme ; car il fit »une infinité de prodiges, et il enseigna la vé- »rité à tous ceux qui voulurent l'entendre. Il »eut plusieurs disciples qui embrassèrent sa »doctrine, tant des gentils que des juifs. Il »était le Christ, et Pilate, poussé par l'envie »des premiers de notre nation , l'ayant fait »crucifier, cela n'empêcha pas que ceux qui »avaient été attachés à lui dès le commence- »ment ne continuassent à l'aimer ; il leur ap- »parut vivant trois jours après sa mort, les »prophètes ayant prédit et sa résurrection et »plusieurs autres choses qui le regardaient ; et »encore aujourd'hui la secte des chrétiens sub- »siste et porte son nom (1). »

En voilà suffisamment pour montrer que dans les siècles les plus voisins de la venue de J.-C. ses actions étaient connues, et que les juifs comme les païens admettaient qu'il avait guéri les estropiés , les aveugles , et même res- suscité les morts. Que feront les incrédules

(1) *Voyez* la note B.

du 19ᵉ siècle ? S'ils rivalisent de haine contre le christianisme avec leurs devanciers, les sur-passeront-ils 'en impudeur et en mauvaise foi? Nieront-ils ce que ceux-ci ont été forcés d'a-vouer? Il n'y a pas de milieu : il faut ou nier, contre le témoignage de toute l'antiquité, des faits de notoriété publique, ou les croire avec les chrétiens, ou, comme les Celse, les Por-phyre, les Julien.... Mais nos sages d'aujour-d'hui auraient honte de parler de *magie* et d'*en-chantemens ;* ils n'hésiteront donc pas à nier, assurés d'avance d'en imposer à une foule de dupes qui les croiront sur parole, sans se don-ner la peine d'examiner s'ils disent vrai. Et de fait, parmi tous ceux qui ont lu Volney, com-bien en est-il, par exemple, qui auront pensé à vérifier le passage cité de Fauste contre l'au-thenticité des livres du nouveau Testament?

Fauste, dit Volney, *qui, quoique manichéen, fut un des plus savans hommes du 3ᵉ siècle,* écrivait de son temps : « Tout le monde sait » que les Évangiles n'ont été écrits ni par Jésus-» Christ, ni par ses apôtres, mais *long-temps* » après par des inconnus, qui jugeant bien qu'on » ne les croirait pas sur des choses qu'ils n'a-» vaient pas vues, mirent à la tête de leurs ré-

» cits des noms d'apôtres ou d'hommes apos-
» toliques et contemporains. » Ainsi , conclut
Volney , il résulte que l'origine précise du christianisme n'est pas connue.

Toujours le même système de fourberie. Il
semble en apparence qu'il n'y ait rien de plus
positif ni de plus vrai que ce témoignage de
Fauste, *l'un des plus savans hommes du 3ᵉ siècle.*
Mais l'auteur des *Ruines*, si docile à la parole de
quiconque raisonne dans son sens , n'aurait-
il pas dû nous apprendre d'où il avait tiré cette
objection ? de quel ouvrage de Fauste , digne
sans doute d'être lu par ceux qui veulent être
incrédules avec pleine connaissance de cause ?
Mais si par hasard les livres de Fauste n'exis-
taient plus ,..... s'il n'en restait que quelques
fragmens conservés par saint Augustin dans un
traité contre cet hérétique , n'aurions-nous pas
le droit de nous plaindre que Volney nous ait
cité l'objection sans nous rapporter la réponse
d'un évêque qui était bien aussi *un des hommes
les plus savans de son siècle?* Pourquoi n'entendre que la déposition d'un seul témoin, quand
on veut , comme le doit un *philosophe* , juger
avec impartialité? Voilà, il est vrai, ce qu'objec-
tait , au 3ᵉ siècle , Fauste accablé par l'autorité

de l'Évangile, qui condamnait si évidemment les dogmes insensés de Manès; mais que lui répondait alors saint Augustin? «Si vous nous » demandez, lui disait-il, comment nous sa- » vons que ces lettres ont été écrites par les apô- » tres, nous vous répondrons, à vous mani- » chéens, que c'est par la même autorité qui » ne vous permet pas de douter que les livres » de Manès n'aient été composés par lui. Que » penseriez-vous d'un homme qui viendrait vous » soutenir que Manès n'a point écrit les livres » que vous lui attribuez? Vous vous moque- » riez de son absurde prétention, vous lui op- » poseriez la tradition constante des disciples » de ce sectaire qui, depuis la mort de leur chef, » ont conservé ses ouvrages et se les sont trans- » mis par une succession non interrompue. De » quel droit osez-vous donc nier que l'Évangile » ait été écrit par les apôtres, quand l'Église » universelle le croit ainsi, et que cette croyan- » ce remonte au temps des apôtres par la suc- » cession non interrompue des évêques conser- » vateurs des livres saints? De quel livre dans » le monde prouvera-t-on l'authenticité, si l'É- » glise répandue parmi toutes les nations se » trompe en attribuant le nouveau Testament

» aux apôtres? Comment sommes-nous certains
» que Platon, Aristote, Cicéron et tant d'autres
» sont auteurs des livres qui portent leur nom?
» Comment enfin saura-t-on un jour que Fauste
» a composé ce livre que je réfute, sinon par
» le témoignage des contemporains et de ceux
» qui les suivront immédiatement (1)? »

Il me semble que la réponse vaut bien l'objection. Que pense le lecteur du silence et de la bonne foi de Volney? Qu'il avait raison, sans doute, puisqu'il n'écrivait que pour combattre la religion chrétienne. S'il n'avait eu d'autre but que la recherche de la vérité, il n'eût rien dissimulé; mais les maîtres de l'erreur n'abordent jamais franchement la question.

Terminons ce qui regarde l'authenticité des écrits des apôtres par un passage de Tertullien extrait de son livre admirable *des Prescriptions,* qu'il composa au commencement du 3e siècle, long-temps avant la naissance de Fauste : « Quelle doctrine les apôtres ont-ils » prêchée, c'est-à-dire que leur a révélé Jésus- » Christ? Je prétends qu'on ne peut le savoir que

____

(1) Saint Aug., *adv. Faustum.*

» par les églises que les apôtres ont fondées,
» qu'ils ont instruites de vive voix, et ensuite
» par leurs lettres.... Parcourez les églises apos-
» toliques où président encore, et dans les mêmes
» places, les chaires des apôtres, où, lorsque
» vous entendrez la lecture de *leurs lettres origi-*
» *nales*, vous croirez les voir eux-mêmes, en-
» tendre le son de leur voix. Êtes-vous près
» de l'Achaïe, vous avez Corinthe ; de la Macé-
» doine, vous avez Philippes et Thessalonique.
» Passez-vous en Asie, vous avez Éphèse. Êtes-
» vous sur les frontières de l'Italie, vous avez
» Rome, heureuse Église, dans le sein de la-
» quelle les apôtres ont répandu et leur doc-
» trine et leur sang (1). »

Qui oserait, après un pareil témoignage,
soutenir encore que l'Évangile n'a été écrit
que long-temps après les apôtres par des faus-
saires qui ont emprunté leur nom? qu'au
moyen de cette supercherie ils sont parvenus
à faire croire aux Églises de Rome et des
grandes villes de l'Asie que, depuis plus d'un
siècle ou deux, elles possédaient, sans le savoir, l'Évangile écrit et les lettres de l'apôtre

(1) Tertull., *De præscript.* 36.

saint Paul? « Ce n'est point ainsi qu'on invente ;
» et les faits de Socrate, dont personne ne doute,
» sont moins attestés que ceux de Jésus-Christ.
» Au fond, c'est reculer la difficulté, sans la dé-
» truire. Il serait plus inconcevable que plusieurs
» hommes d'accord eussent fabriqué ce livre,
» qu'il ne l'est qu'un seul en ait fourni le sujet.
» Jamais des auteurs juifs n'eussent trouvé ni ce
» ton ni cette morale ; et l'Évangile a des ca-
» ractères de vérité si grands, si frappans, si
» parfaitement inimitables, que *l'inventeur en*
» *serait plus étonnant que le héros* (1). »

Où en est maintenant l'incrédule Volney ?
Quel moyen lui reste-t-il de nier l'authenticité
du nouveau Testament ? Que pensera-t-il des
prodiges de Jésus-Christ avoués par les philosophes païens ? Comment *cet esprit fort*, qui ne
croit point à la *magie*, se tirera-t-il d'embarras ?
Comme à son ordinaire, en éludant la question, en faisant des objections nouvelles sans
avoir répondu à celles de ses adversaires. On
ne lui aura donc ien prouvé, tant qu'il ne
sera pas certain *que la croyance des dogmes chré-*
tiens ne passa point originairement de l'Inde

_____

(1) Rousseau, *Émile.*

dans l'Asie. C'est là désormais où Volney nous attend ; vaincu dans la Palestine, il se retranchera dans l'Inde, en attendant qu'il nous transporte dans les régions supérieures pour y trouver Jésus-Christ, ses apôtres, ses mystères, dans le soleil et les douze signes du zodiaque.

Cette obstination des incrédules à tout admettre, à tout croire, pour échapper à la foi chrétienne, me rappelle ce qu'on a dit si ingénieusement sur le symbole des athées, qui pourrait être conçu en ces termes : *Credo omnia incredibilia.* Les systèmes les plus absurdes n'ont point effrayé nos modernes sages, il n'y a pas de monstres d'opinion qu'ils n'aient embrassés ; et certes s'ils sont *incrédules,* ce n'est pas que *la vertu de croire leur manque,* ils en ont donné de belles preuves.

Je ne pense pas néanmoins que Volney ait eu un degré de foi suffisant pour avoir cru que nos dogmes chrétiens passèrent originairement de l'Inde dans l'Asie ; mais je suis persuadé qu'il soupçonnait précisément le contraire. Il avait une connaissance trop étendue de l'antiquité, pour ignorer qu'avant Jésus-Christ, et dans le temps où il vécut, les dogmes particuliers au christianisme ne furent enseignés dans l'école d'aucun philosophe de l'Égypte et de la Grèce. Ces vérités parurent tout-à-fait nouvelles au paganisme ; et pour soutenir qu'elles nous viennent de l'Inde, il faudrait prouver avant tout que Jésus-Christ alla s'instruire parmi les Hindous. Si Volney avait à cet égard quelques renseignemens plausibles, il aurait bien dû les communiquer à ses lecteurs, et ne pas être si réservé, lorsqu'il est ailleurs si prodigue d'érudition. Pourquoi donc, après le discours qu'il met dans la bouche d'un *lama* du Thibet (1), se contente-t-il de nous dire que le *lama* « *prouva* » aux chrétiens, par leurs auteurs mêmes, que » la doctrine des *samanéens* (2) était répandue » dans tout l'Orient plus de mille ans avant le » christianisme, et qu'il leur défia de prouver » qu'eux-mêmes n'étaient pas des samanéens » dégénérés, et que l'homme dont ils font l'au- » teur de leur secte n'est pas *Fôt* ou *Boudh* lui- » même altéré. » Pourquoi ne pas nous faire entendre ce *lama*, qui nous aurait révélé des choses si extraordinaires, si inconnues ? qui nous aurait *prouvé* « que nos Évangiles ne sont

______

(1) Pag. 164.
(2) Sectateurs de Boudh.

» que les livres des *Mithriaques* de Perse, et des
» *Esséniens* de Syrie? » Assurément c'était bien
le cas de nous mettre dans la confidence. Qui
sait, après tout, ce que ce lama nous aurait
raconté et *prouvé* au sujet de son dieu *Fôt* incarné il y a vingt-huit siècles, et de sa doctrine
et de ses œuvres? Qui sait, dis-je, si nous n'eus-
sions point été fort embarrassés de démontrer
que notre religion chrétienne n'a pas été ap-
portée de l'Inde comme tant d'autres choses?

Mais, puisque Volney a jugé à propos de
jeter un voile mystérieux sur ces preuves, nous
allons continuer à lui fournir les nôtres. Déjà,
pour répondre *au défi* du prétendu lama, nous
avons constaté par des monumens historiques
l'existence de Jésus-Christ à l'époque que nous
lui assignons, et il est de la dernière évidence
que notre Dieu n'est pas *Fôt lui-même altéré*,
que nos Évangiles ne sont pas les livres des
Mithriaques de Perse.

Nous pourrions, je crois, nous borner à ce
premier avantage; car, du moment que nous
avons prouvé que le divin auteur du christianisme est né, sous le règne d'Auguste, à Béth-
léem, ville de Judée; qu'il a été crucifié à Jérusalem, sous Tibère; que sa doctrine, entiè-

rement inconnue jusqu'alors dans ses principaux dogmes, a été prêchée, après sa mort,
par des hommes qui nous ont transmis le récit
fidèle de ses actions, nous avons dès lors prouvé
sans réplique que Jésus-Christ n'est pas *Fôt lui-
même altéré*. Nous n'en resterons pas là cependant, et, à notre tour, nous *défierons* le lama
de nous démontrer que ces traditions de l'Inde
et du Thibet, sur lesquelles il voudrait nous faire
prendre le change, ne sont pas tout ce que des
peuples, appelés autrefois à la lumière de l'É-
vangile, ont retenu de l'histoire de Jésus-Christ
et de ses mystères. Nous avons soutenu notre
thèse par des preuves positives ; qu'il donne
maintenant les siennes. C'est à lui de prouver
que ses traditions demi-chrétiennes sont anté-
rieures à Jésus-Christ, et que jamais le christianisme n'a été prêché dans l'Inde. Mais il en
sera, nous présumons, de l'antiquité de ses
livres comme de celle de ses tables astronomiques (1).

Nos savans européens, qui se sont occupés

(1) *Voy.* ci-dessus à l'article du *sabéisme* ou culte des
astres.—La religion du Thibet n'est qu'un rejeton schis-
matique de celle des Hindous.

de recherches sur l'Inde depuis plus d'un siècle, s'accordent presque généralement à refuser aux livres des brames ces milliers d'années qu'ils voudraient leur donner. Le président de la société asiatique établie au Bengale, William Jones, avoue, dans son article sur la chronologie des Hindous, « qu'il est convaincu » depuis long-temps que, sur ces matières, » on ne peut raisonner d'une manière satisfai-» sante que d'après les preuves écrites, et qu'il » faut appliquer invariablement la règle qu'il » s'est faite de prendre à la rigueur les aveux » que les bracmanes laissent échapper contre » eux-mêmes, c'est-à-dire contre leurs préten-» tions à l'antiquité.... » Il croit, il est vrai, que *Fôt* ou *Bouddha* parut dans l'Inde, non pas vingt-huit siècles, mais mille ans avant Jésus-Christ; puis, observant que les savans indiens diffèrent entre eux *de quelques milliers d'années* au sujet de l'incarnation de ce dieu, il en conclut qu'avant cette époque ils n'ont pas de chronologie positive, *et qu'on peut donc suspecter la certitude de toutes les relations qui concernent même l'apparition de Bouddha* (1). Bentley

(1) *Rech. asiat.*, 2ᵉ vol.

observe que « les ères et les dates des Hindous
» sont entachées d'absurdités et de contradic-
» tions (1). » Il a démontré aussi que les *Pou-*
ranams n'avaient pas plus de *sept cents ans* d'antiquité (2).

« Peut-être se trouvera-t-il aussi, dit Pin-
» kerton, que les *Védas* (autres livres sacrés plus
» anciens) ont été composés par quelques
» brames imposteurs, car on ne trouve chez
» les anciens aucune trace de ces livres. Peut-
» être Menou était-il quelque honnête légiste
» du *treizième siècle*..... (3). » Enfin, selon la
remarque de M. Cuvier, « les livres les plus
» authentiques des Indiens démentent, par des
» caractères intrinsèques et très reconnaissa-
» bles, l'antiquité que ces peuples leur attri-
» buent (4). »

Quant à la prédication du christianisme dans
les Indes, il n'est pas douteux qu'elle ait eu
lieu au moins vers le cinquième siècle. D'après
même une tradition respectable, et qui n'est

(1) *Rech. asiat.*, 5ᵉ vol.

(2) Ces *Pouranams* sont dix-huit livres sacrés et ca-
noniques de seconde classe.

(3) Pinkerton, *Géog.*, tom. 4.

(4) *Disc. sur la théorie de la terre*, pag. 88.

pas sans quelque fondement, c'est l'apôtre saint Thomas qui annonça l'Évangile aux peuples de ces contrées. Les caravanes de Syrie marchaient alors comme à présent, et les Arabes allaient aux Indes tous les ans. — On lit dans la souscription du concile général de Nicée, tenu au commencement du quatrième siècle, le nom d'un évêque des grandes Indes.

« On a des raisons de croire que le syrien » Mar-Thomas pénétra, au cinquième siècle, » jusque dans l'Indostan et sur les côtes de Ma-» labar, pour y prêcher l'Évangile.... La secte » des nestoriens se montra surtout très zélée » pour la propagation du christianisme. Leurs » missionnaires établirent des siéges épisco-» paux dans les montagnes du Thibet, et péné-» trèrent jusqu'en Chine. Il semblait que l'Asie » entière dût se ranger sous la bannière du » christianisme, mais tout changea lors de l'ap-» parition de Mohammed. Les nestoriens se » maintinrent encore plusieurs siècles dans la » Tartarie, dans l'Indostan, et dans la Chine. » Mais Tamerlan, au 14ᵉ siècle, se répan-» dit comme un torrent dévastateur, et détrui-» sit les autels chrétiens avec un tel acharne-» ment, qu'un siècle après on ne trouvait que

» de faibles traces du christianisme nesto-
» rien dans la haute Asie et dans l'Asie cen-
» trale (1). »

Qui s'étonnera, d'après cela , de ce qui est rapporté dans le *Bagavadam* de ce *Chrixnen* transporté à sa naissance parmi des bergers ? «Il échappa à la colère d'un roi, qui bientôt » après fit massacrer tous les enfans nés dans » le temps. Cet homme-dieu, après avoir vaincu » le serpent, se retira dans le désert. »

Ce qu'on lit dans le poëme *Bartachastram* est encore plus frappant. Après un long détail des désordres et des malheurs qui seront le partage du *caliougam* (4ᵉ âge du monde selon les In-diens), il est dit qu'à la fin du *caliougam* « il » naîtra un brame dans la ville de Scambelam , » ce sera *Vichnou Iesoudou.* Il possédera les di- » vines écritures , et toutes les sciences, sans » avoir employé pour les apprendre que le temps » qu'il faut pour prononcer une seule parole. » Alors, ce qui était impossible à tout autre » qu'à lui, ce *Vichnou Iesoudou*, conversant » parmi ceux de sa race, purgera la terre des pé- » cheurs, y fera régner la justice et la vérité,

(1) *Biblioth. univ.,* Genève, 1822.

» offrira le sacrifice du cheval, et soumettra
» l'univers aux brames (1). »

Nous pourrions encore citer plusieurs vérités
historiques du nouveau Testament, qui se trouvent dans les livres indiens mêlées à beaucoup
de fables et d'extravagances, mais nous en
avons dit assez pour prouver que ces peuples
ont eu connaissance des dogmes chrétiens (2).
Il n'est pas moins évident que notre religion a
été prêchée anciennement à d'autres nations
qui n'en ont aussi conservé que des traditions
altérées (3), et nous laissons à juger de la
bonne foi et de la logique de ceux qui raison-
nent ainsi : dans l'Inde ou dans la Chine on
croit tel dogme qui est à peu près semblable
à tel autre dogme enseigné dans l'Évangile,

(1) Nous sommes à présent dans la 483o^e année du
caliougam, selon le calcul des Indiens. Si donc chaque
âge ne dure que trois mille ans, comme ils le croient,
il y a 183o ans que le caliougam est fini, et que le rédempteur dont il est parlé est venu. Le lieu de sa naissance, *Scambelam*, signifie en indien *le pain, la vie* des
soldats, des serviteurs. *Bethléem*, où naquit notre Seigneur Jésus-Christ, signifie en hébreu, *maison du pain.*

(2) *Voy*. La Croze, *Hist. du christian. dans les Indes.*

(3) *Voy*. note C.

donc le christianisme est originaire de l'Inde ou de la Chine. Leur serait-il donc si difficile de conclure précisément le contraire? Ils ne le feront pas, et plutôt que de se rendre aux meilleures raisons, ils iront chercher jusque dans le soleil et dans la lune des argumens nouveaux pour nous combattre; ce sera là, sans doute, leur dernier retranchement.

Entreprendrons-nous maintenant, après tout ce que nous avons dit, de réfuter sérieusement un système aussi absurde que bizarre, dont Volney n'est pas l'auteur, mais qu'il a emprunté à Dupuis dans son livre *de l'Origine des cultes?* La conséquence de ce système, c'est que Jésus-Christ n'a jamais existé, que l'histoire de sa vie, son ministère, ses miracles, sa résurrection, ne sont que des allégories astronomiques, de purs emblèmes du soleil parcourant les douze signes du zodiaque, et que les premiers chrétiens, sous le nom de *Christ*, n'ont jamais adoré que cet astre. « Nous dépouillons le Christ, » dit Dupuis, de ses deux natures en même » temps. Le peuple en fait un Dieu et un homme » tout ensemble. Le philosophe, aujourd'hui, » n'en fait plus qu'un homme. Pour nous, nous » n'en ferons point un Dieu, et encore moins

» un homme qu'un Dieu ; car le soleil est plus
» loin de la nature humaine, qu'il ne l'est de
» la divinité... Quoi! parce qu'il y a une légen-
» de (l'Évangile) qui fait du Christ un homme,
» *et des sots qui le croient*, comme le peuple d'E-
» gypte croyait la légende d'Osiris, nous nous
» obstinerons à faire un homme réel du héros
» de la secte des chrétiens ? L'existence du
» Christ, comme homme réel, est une erreur
» que croyaient les *ignorans* il y a seize cents
» ans, qu'ils croient encore aujourd'hui, et
» qu'ils croiront long-temps, quoique le Christ
» n'ait jamais existé que dans le soleil... Donc
» Christ n'est que le soleil, donc Christ n'a ja-
» mais existé que dans le soleil, non plus que
» le cortége des douze apôtres n'a jamais exis-
» té que dans les douze signes du zodiaque, et
» les douze mois que parcourt le soleil ; ni sa
» mère n'a jamais existé ailleurs que dans le ciel
» astronomique, etc., etc. »

Quelle folie! quel excès de démence! Ne
faut-il pas avoir perdu la raison pour penser
et pour écrire de la sorte? De pareilles extravagances sont-elles autre chose que le produit
d'une imagination égarée par le délire du fanatisme irréligieux? Que dirons-nous de Vol-

ney qui n'a pas eu honte de répéter ces blasphèmes? Il ne croyait pas au système de Dupuis.
mais il en avait besoin pour atteindre son but,
et au défaut de bonnes raisons, il a su payer
d'audace, *per fas et nefas*. Les sophistes ne
redoutent plus rien depuis que l'expérience
leur a donné la mesure de la crédulité publique en fait d'irréligion.

Ce fut donc précisément en 1793, sous le règne de la *raison* et de la *liberté*, que le *con-
ventionnel* Dupuis révéla au monde chrétien *idolâtre* que depuis seize siècles il n'avait adoré
que le *soleil* en croyant adorer le Fils de Dieu.
Jusqu'alors les philosophes eux-mêmes, c'est-
à-dire, Voltaire, Rousseau, d'Alembert... et
une foule d'autres, rien moins que suspects en
cette matière, n'avaient été que des *sots*, car
ils avaient cru à l'existence de Jésus – Christ
comme *homme réel;* mais le temps était enfin
venu, et l'époque pouvait-elle être mieux choi-
sie pour cette restauration, où toutes choses
allaient être ramenées à leur antique et pure
origine? le Christ va être métamorphosé en *soleil;* le plus bel édifice du monde, Saint-Pierre
de Rome, ne sera plus qu'un temple élevé en
l'honneur d'un des douze signes du zodiaque,

n'importe lequel ; nos sept sacremens seront les *sept planètes*, et les sept dons du saint Esprit *la flûte aux sept tuyaux du dieu Pan*. La fête de Pâques *sera le passage du dieu soleil par l'équinoxe du printemps ;* l'agneau pascal, *le bélier céleste :* les péchés du monde effacés par le sang de cet agneau ne seront *que les longues nuits et les froids de l'hiver ;* si les prêtres portent une tonsure, on nous dira que c'est pour signifier *le disque du soleil ;* que leur étole n'est que l'emblème de son zodiaque, et que la croix enfin, instrument de supplice chez les Juifs et chez les Romains, *et dont nous vantons le mystère sans le comprendre, n'est que la croix de Sérapis tracée par la main des prêtres égyptiens. Risum teneatis, amici !...* Oui, en vérité, l'on rirait de pitié, si la matière n'était pas trop sérieuse. Félicitons-nous du moins, de voir l'impiété se confondre ainsi elle-même, et disons avec Pascal qu'il est glorieux pour la religion chrétienne d'avoir pour ennemis des hommes si déraisonnables.

Comme tous ceux qui ont attaqué la foi actuelle de l'Église, Dupuis ne manque pas d'avancer que les premiers chrétiens ne croyaient point autrement que lui, et qu'*il n'y a que seize cents ans* que les *ignorans* croient à l'existence de Jésus-Christ *comme homme réel ;* il soutient que sous Trajan on n'avait point encore entendu parler de Jésus-Christ , comme si, en sa qualité d'*ex-professeur* , il eût ignoré la lettre de Pline à cet empereur, et la réponse qu'il en reçut à l'occasion des chrétiens que l'on persécutait. Mais si durant les trois premiers siècles on n'adora que le *soleil*, c'était donc les adorateurs du soleil que persécutaient alors les juifs et les païens? C'était donc uniquement pour rendre témoignage au *soleil* que des milliers de martyrs ont enduré les plus cruels supplices ? C'est donc au nom du *soleil*, et pour se vouer à son culte, que le paganisme a brisé ses idoles et renoncé à l'*idolâtrie?* Les ennemis acharnés du christianisme, qui écrivaient alors tant de blasphèmes contre la personne de Jésus-Christ et de ses apôtres, n'étaient donc aussi que des *sots*, qui se battaient contre le *soleil* et les douze signes du zodiaque? Il est fâcheux que Dupuis n'ait pas vécu sous le règne de Néron ou de Domitien , dans ce bon temps où, comme en 1793, le supplice des chrétiens était à l'ordre du jour, il eût donné aux philosophes païens le secret des disciples du Christ , et nous saurions du moins par leurs écrits que nos pères, dans la foi, n'adoraient que le *soleil*. Malheureusement pour Dupuis, ses plus anciens maîtres ont cru à l'existence de Jésus-Christ *comme homme réel* (1) ; et pour ce qui est des chrétiens, tous les écrits des premiers siècles, à commencer par l'Évangile et les lettres des apôtres, ne laissent aucun espoir de prouver que l'on adorât le *soleil* dans les catacombes ; nous lisons même textuellement le contraire dans des auteurs célèbres du 2ᵉ siècle. « Adorez, non » pas le *soleil*, mais celui qui a fait le soleil, ¦disait Clément d'Alexandrie dans une exhor- » tation aux païens; ne faites pas un Dieu du » monde, mais rendez hommage à celui de qui » le monde est l'ouvrage (2). » Tertullien, dans son Apologie, se moque des fables ridicules que racontait le peuple idolâtre au sujet des mystères du christianisme, puis il ajoute : « D'au- » tres, moins grossiers, pensent que le *soleil* est » notre Dieu. Il faudrait alors nous ranger par- » mi les Perses, quoique nous n'adorions pas » comme eux le soleil, dont ils portent l'image » peinte sur leurs boucliers. Le fondement de

(1) *Voy*. les témoignages rapportés ci-dessus.
(2) Clém. Alex., *ad gentes*.

» ce soupçon est apparemment que nous nous
» tournons vers l'orient pour prier. Si nous cé-
» lébrons le dimanche, qui est le jour du soleil,
» c'est par un autre motif que celui d'adorer cet
» astre…. Nous faisons profession d'adorer un
» seul Dieu, qui, par sa parole, sa sagesse et sa
» puissance, a tiré du néant le monde avec les
» élémens, les corps et les esprits (1). »

Voilà des passages que Dupuis et Volney se sont bien gardés de nous citer ; quand on n'écrit que pour tromper, peu importe ce qui est réellement, il ne faut que du babil et du charlatanisme : faire rire les uns, étonner les autres par les plus hardis paradoxes, voilà tout le secret des *philosophes* (2).

Ces messieurs n'auraient pas manqué de

(1) Tert., *Apolog.*, ch. 16, 17.

(2) « Marchez toujours *en ricanant* dans le chemin de
» la vérité, écrivait Voltaire : notre nation ne mérite pas
» que vous daigniez raisonner beaucoup avec elle, mais
» c'est la première nation du monde pour saisir une
» bonne plaisanterie.

» Je ne vous demande que cinq à six bons mots par
» jour pour écraser l'*infâme* (la religion de Jésus-Christ).
» Riez, Démocrite, faites rire, et les sages triompheront. »
Lettres à d'Alembert, 15 sept. 1761, 30 janv. 1764.

crier au fanatisme, à l'ignorance, si, dans le temps où ils écrivaient, un prêtre catholique s'était avisé de vouloir prouver que Mahomet n'a jamais existé *comme homme réel,* et que ce faux prophète des Arabes n'était que le *soleil,* dont le culte, établi très anciennement chez les Perses, avait été adopté par les disciples du Koran. Mais au reste, cessons de nous étonner que Dupuis, qui ne voulait pas être chrétien, ait écrit tant de sottises pour combattre le fait même de l'existence de Jésus‑Christ ; il n'a nié ce fait que parce qu'il avait compris qu'il serait forcé d'en admettre les conséquences, et en cela du moins il a donné une marque de bon sens. Son aveu est vraiment précieux, le voici : « Admettre le témoignage des livres évan
» géliques comme preuve de l'existence du
» Christ, c'est *s'engager à tout croire;* car s'ils
» sont vrais quand ils nous disent que le Christ a
» vécu parmi eux, quelle raison aurions-nous
» de ne pas croire qu'il a vécu comme ils le ra
» content, et que sa vie a été marquée par les évé
» nemens merveilleux qu'ils débitent ? Aussi les
» bons chrétiens le croient-ils; et s'ils sont imbé
» ciles, au moins ils sont assez conséquens (1). »

(1) Tome 2, page 110

Nous aimons à entendre Dupuis faire ainsi
la leçon à tous les sophistes du dernier siècle,
et leur prouver qu'il sont *inconséquens* de ne
pas *tout croire*, dès qu'ils accordent seulement
que Jésus-Christ a existé. Il n'y a pas, selon
lui, de milieu entre *l'imbécillité* des chrétiens
et le système de *l'origine des cultes,* c'est-à-dire
entre Jésus-Christ *Dieu* et Jésus-Christ *soleil.*

Nous ne parlerons pas davantage de ce système, qui a été réfuté dans un livre intitulé
Le christianisme vengé des blasphèmes de Dupuis;
mais nous ne pouvons mieux terminer ce chapitre que par ces réflexions si judicieuses de
M. de Bonald :

«Je tremble qu'il ne s'élève un jour un histo-
» rien qui, rapprochant des attributs du soleil
» tout ce que les contemporains ont dit de l'é-
» clat, de la force, de la vigueur du règne de
» Charlemagne, de cette puissance éclairée qui
» dicta des lois au monde policé, ne soutienne
» que Charlemagne n'est que le soleil de la fable.
» Il verra dans les courses rapides de ce prince
» d'un bout de l'Europe à l'autre, la marche
» du soleil autour du globe; le temple du soleil,
» dans le beau palais d'Aix-la-Chapelle; son
» éloignement des peuples polaires, dans la

» guerre que Charlemagne fit aux peuples du
» nord ; les douze signes du zodiaque, dans les
» douze pairs de la table-ronde ; l'entrée du so-
» leil aux quatre saisons de l'année, dans le
» parlement solennel tenu aux quatre grandes
» fêtes; Louis le Débonnaire, qui ruine l'empire
» de son père, sera Phaéton qui veut conduire
» le char de Phébus et qui embrase l'univers; les
» évêques rebelles seront les chevaux fougueux.
» Quelque érudit ne manquera pas de trouver
» entre leurs noms des rapprochemens péremp-
» toires ; même dans quelques mille ans, les dis-
» tances disparaîtront, et l'on mettra sur le
» compte de Charlemagne, le soleil, emblème
» de Louis XIV; et pourvu que l'auteur de ce
» système ait soin de le faire un peu moins long
» que le système *in-folio* dont je veux parler,
» il paraîtra beaucoup plus vraisemblable. L'*his-*
» *toire de France* tout entière ne sera plus alors
» qu'un tissu de fables renouvelées de la mytho-
» logie païenne, imaginées par des imposteurs,
» et adoptées par des imbéciles; et nous aurons
» *l'Origine des gouvernemens,* qui fera le pen-
» dant de *l'Origine des cultes.* » (M. de Bonald,
Législation primitive.)

CONCLUSION.

Nous espérons avoir atteint, au jugement de nos lecteurs, le but que nous nous étions proposé, celui de démontrer avec quelle mauvaise foi la religion était attaquée dans le livre des *Ruines.* Nous n'avons rien avancé que d'après les témoignages les plus authentiques de l'histoire, ou que sur l'autorité des savans les plus distingués. Nous ne craignons donc pas qu'on puisse nous démentir. Combien nous serons heureux, si nous apprenons jamais que cette réfutation, et surtout le recueil qui la précède, ont fortifié la foi ou dissipé les préjugés anti-chrétiens de cette jeunesse l'espoir de la religion et de la patrie. Et nous aussi, ministre d'une religion de charité, source inépuisable de vertus et de consolations, *nous nous occuperons du bonheur des hommes, et le nôtre se composera de l'idée de l'avoir hâté* (1). Mais,

(1) Paroles de Volney dans l'invocation qui précède son livre.

pour y travailler efficacement, nous ne leur prêcherons pas l'athéisme et l'anarchie; notre voix ne les provoquera pas à la sédition et à la révolte : nous ne leur dirons pas *que la morale n'est qu'une science physique et géométrique soumise aux règles et au calcul des autres sciences exactes* (1) : nous ne ferons pas un appel à *l'énergie* des peuples en leur prouvant que *toute l'autorité vient de la multitude, et que vainement les rois lui commandent de par Dieu et de par leur lance* (2) : nous ne leur présenterons pas enfin la doctrine sublime de l'Évangile comme une doctrine qui *livre le monde au désordre, à la tyrannie, et dissout la société* (3). Mais, prenant le langage de cette religion sainte, nous dirons à tous les hommes : *Aimez-vous les uns et les autres comme Jésus-Christ vous a aimés. Rois, chérissez la justice, souvenez-vous que vous avez un maître dans le ciel, et que c'est de par Dieu que vous régnez ; que la puissance vous a été accordée d'en haut sur tous les hommes, afin que la vertu soit aidée. Peuples, soyez sou-*

(1) Volney, page 264.
(2) Volney, 79.
(3) Idem, 244.

mis aux puissances que Dieu a établies; craignez Dieu, honorez le roi. Magistrats, *Dieu jugera les justices elles-mêmes.* Chrétiens de toutes les conditions, *on connaîtra que vous êtes les disciples de Jésus-Christ à l'amour que vous aurez pour vos frères. Travaillez à devenir parfaits, comme votre Père qui est dans le ciel est lui-même parfait* (1).

La voilà, ô ennemis de Dieu et des hommes, cette morale que vous accusez de *livrer le monde au désordre, à la tyrannie, et de dissoudre la société !..* Telle est cette religion sur laquelle vous appelez le mépris et la haine de ceux qui veulent, d'après vos leçons, régénérer la société... Mais déjà vous n'êtes plus, la bouche qui a prononcé les blasphèmes que nous avons réfutés est devenue muette, la main qui les a écrits n'est plus qu'une froide poussière... *Dormez donc votre sommeil.* Les nuages que vous avez élevés, en passant si rapidement, devant le majestueux édifice de la religion chrétienne, se dissiperont bientôt, et ceux que vous avez aveuglés le verront reparaître avec toutes ses merveilles. Serez-vous loués alors comme les

____

(1) *Prov.* 8., S. Jean 15, S. Grég., S. Pierre......

bienfaiteurs de l'humanité? Non, car il est écrit dans un livre qui durera plus que les vôtres : *La gloire de l'impie est comme la paille légère que le vent dissipe au loin.* Puissent les remords qui ont empoisonné vos derniers momens vous avoir procuré la double grâce du repentir et du pardon! c'est le désir de notre cœur, car nous ne dirons jamais autrement qu'un des plus grands docteurs de l'Église : *Vivent les hommes, à bas l'erreur* (1)!

(1) S. Augustin : *Vivant homines, pereant errores!*

NOTES.

NOTE A.

La tradition du déluge est universelle; elle se trouve non seulement dans les histoires, mais dans les mythologies de tous les peuples du monde; les incrédules en conviennent, et il serait inutile d'accumuler ici les citations. Voici seulement un extrait de la narration du déluge traduit littéralement d'un livre indien intitulé *Bhagavat* (ou doctrine divine) : « A la fin du dernier *calpa* (1) il y eut une destruc-
» tion générale occasionée par le sommeil de Brah-
» mah. Ses créatures des différens mondes furent
» noyées dans un vaste océan… Le seigneur de l'u-
» nivers aimant l'homme pieux et désirant le préser-
» ver de la mer de destruction causée par la perver-
» sité du siècle, lui dit en ces termes ce qu'il avait à
» faire : O toi qui domptes les ennemis, dans sept
» jours les trois mondes seront plongés dans un océan
» de mort; mais au milieu des vagues meurtrières,

(1) Mot sanskrit qui signifie *formation*, c'est un jour de Brahmah. Les Hindous croient qu'à la fin de chaque *calpa*, toutes choses sont absorbées dans la Divinité, et que durant l'intervalle d'une création à une autre, l'Être suprême se repose sur le serpent *secha* (durée).

» un grand vaisseau, envoyé par moi pour ton usage,
» paraîtra devant toi. Tu prendras alors toutes les
» plantes médicinales, toute la multitude des graines,
» et accompagné de sept saints, entouré de couples de
» tous les animaux, tu entreras dans cette arche
» spacieuse, et tu y demeureras à l'abri du déluge
» d'un immense océan, sans autre lumière que la
» splendeur de tes saints compagnons...» (*Recherch.
asiatiq.*, tom. i.)

<hr>

NOTE B.

Plusieurs critiques modernes, malgré l'autorité
de tous les manuscrits, malgré les témoignages de
saint Jérôme, d'Eusèbe, de Rufin, de Suidas, de
Grotius, d'Ustérius, etc., etc., soutiennent que ce
passage ne saurait être de Josèphe, et que c'est une
interpolation manifeste, où le faussaire n'a pas même
su garder la convenance, puisqu'il fait parler en
chrétien un écrivain que l'on sait avoir persévéré
toute sa vie dans le judaïsme.

Ce raisonnement est spécieux, mais il n'est pas
décisif. Qui sait si, en raisonnant de cette manière,
on ne soutiendra pas quelque jour que le mor-
ceau de l'*Émile* où le caractère de Jésus-Christ est
peint avec tant d'éloquence et de vérité n'est pas

sorti de la plume de Rousseau? l'inconséquence de Josèphe n'est pas plus frappante que celle du philosophe de Genève.

Josèphe a dû nécessairement parler de Jésus et de ses disciples dans son histoire. Au temps où vécut cet historien, les chrétiens formaient déjà une société si considérable, qu'elle attirait l'attention des empereurs. Ces maîtres du monde portaient des lois contre eux et les faisaient rechercher par les magistrats. Suétone et Tacite se crurent obligés de parler de cette nouvelle religion dans l'histoire de l'empire romain; pourquoi donc Josèphe, prêtre juif, n'eût-il fait aucune mention, dans une histoire particulière des Juifs, d'une secte qui de son temps s'était formée en Judée, et se répandait déjà dans le monde entier? pourquoi Josèphe, qui parle si exactement de tous les faux messies qui ont essayé de tromper sa nation, n'aurait-il rien dit de Jésus, qui le premier avait pris la qualité de Messie, et dont les prétentions, soutenues par un parti toujours croissant, avaient dès lors les suites les plus alarmantes pour la religion du pays? Tout lui faisait un devoir de parler. Son silence serait inexplicable dans le cas où il aurait regardé comme faux les miracles de l'Évangile; car en les décriant il se fût concilié la faveur de sa nation et celle des païens qui persécutaient le christianisme. Mais dans le cas où il aurait cru ces miracles vrais, il eût pu ne pas avoir le courage de déplaire aux Juifs et aux

Romains, et son silence alors parlerait aussi haut en faveur de l'Évangile que le passage dont on conteste l'authenticité (1).

NOTE C.

La religion des lamas, au Thibet, enseigne l'existence d'un être suprême, auteur du monde spirituel, combattant sans cesse le principe du mal, et s'étant *incarné pour se manifester aux hommes*. On y retrouve l'usage de l'eau bénite, la croyance d'un purgatoire, et l'extrême-onction. (*Bibliothèque univ.*, Genève, 1822.)

Suivant une ancienne tradition conservée par les habitans de l'île de Ceylan, une nouvelle croyance doit leur venir un jour des régions de l'occident, et devenir celle de tous les hommes.

Les voyageurs modernes ont trouvé en Amérique les vestales, le feu nouveau, la circoncision, le baptême, la confession, et enfin la *présence réelle* sous les espèces *du pain* et *du vin*. Dira-t-on que nous tenons ces mêmes cérémonies des Mexicains et des Péruviens? (M. de Maistre, *Soirées de Saint-Pétersbourg*.)

Les jésuites ne trouvèrent parmi les habitans de la Californie nul vestige d'idolâtrie, mais plusieurs traditions religieuses fort remarquables. Les Edmis

(1) Bullet, *Établ. du christian.;*—Duvoisin, *Démonst. évang.*

qui vivent au sud de la presqu'île adorent le dieu *Niparaya*, dont le fils appelé *Quaayayp*, c'est-à-dire *l'homme, est descendu sur la terre* dans les temps anciens pour instruire les peuples du midi. Il a été tué et son sang coule toujours, mais son corps est inaccessible à la corruption... les Californiens septentrionaux prétendent que l'Être suprême, qu'ils désignent par l'expression de *celui qui est vivant,* a un fils, et qu'il a créé des êtres invisibles qui se sont révoltés contre lui. (*Biblioth. univ.*, Genève, 1822.)

On lit dans le vingt-neuvième chapitre d'un livre chinois, intitulé l'*Invariable milieu*, dont le petit-fils de Confucius est l'auteur, *que le bon prince attend sans inquiétude le saint homme qui doit venir à la fin des siècles.* Littéralement, dans la traduction latine : *Centum sæculis est expectatus (vel expectandus) sanctus vir, et non dementatur.*

« Ce passage est très singulier, observe M. Abel » Rémusat, traducteur de ce livre, et il importe de le » bien entendre. *Pé chi,* cent générations ; c'est un » terme qui désigne le temps le plus reculé des siècles » à venir. *Ssé,* c'est *attendre.* Et dans la glose : Le » *saint homme des cent générations est très éloigné,* » *et il est difficile de se former à son sujet une idée* » *nette... Dans l'attente où il est du saint homme,* » *le sage se propose à lui-même une doctrine qu'il* » *a sérieusement examinée.* Ce texte ne fait pas » entendre aussi clairement que les différens com-

» mentaires, si l'attente du saint a lieu depuis cent
» générations, ou si elle doit avoir lieu pendant cent
» générations. *Pé chi* est certainement ici une ex-
» pression indéfinie pour *un long espace de temps.*
» Mais un *chi* est l'espace de trente ans, cent *chi* font
» donc trois mille ans; et à l'époque où vivait Con-
» fucius, c'est-à-dire cinq cents ans avant Jésus-Christ,
» il serait bien extraordinaire qu'il eût dit que le saint
» était attendu depuis trois mille ans. J'abandonne
» aux réflexions du lecteur ce passage, qui, à ne le pren-
» dre même que dans le sens ordinaire, prouve du
» moins que l'idée *de la venue d'un saint* était ré-
» pandue à la Chine dès le sixième siècle avant l'ère
» chrétienne. »

En l'an 1625, des ouvriers fouillant la terre auprès
de la ville de Si-an-fou, capitale d'une province
chinoise, trouvèrent une longue table de marbre
qui apparemment avait été ensevelie sous les ruines
de quelque édifice. Sur la surface de ce marbre est
gravé un long discours en caractères chinois, qui
explique les principaux mystères de la religion chrétienne, et qui fait l'éloge de quelques empereurs qui
ont favorisé les ministres de l'Évangile. A l'un des
côtés au bas du marbre on trouve une inscription,
partie en caractères syriaques ou chaldaïques, partie
en caractères chinois.

Voici en abrégé ce qu'on lit de plus remarquable
dans cette précieuse inscription : « Il y a un premier

» principe intelligent et spirituel, qui de rien a créé
» toutes choses, et qui est une substance en trois
» personnes. Les hommes n'auraient jamais trouvé
» la vérité, si l'une de ces divines personnes n'eût ca-
» ché sa divinité sous la forme de l'homme. C'est
» cet homme que nous nommons le Messie. Un ange
» annonça sa venue, et il naquit quelque temps après
» d'une vierge en Judée. Il institua le baptême pour
» laver les péchés, et se servit de la croix pour sau-
» ver tous les hommes, sans en excepter personne.

.... » Sous le règne de *Taitsong*, prince très
» sage et très estimé, *Olopüen* partit de Judée. Après
» avoir couru de grands dangers sur terre et sur mer,
» il arriva enfin à la Chine, l'an de notre seigneur 636.
» On examina sa loi, dont la vérité fut reconnue;
» de sorte que l'empereur fit en sa faveur l'édit sui-
» vant :

« La véritable loi n'est attachée à aucun nom parti-
» culier, et les saints ne se fixent pas dans un lieu;
» ils parcourent le monde, afin d'être utiles à tous. Un
» homme de Judée, d'une vertu singulière, est venu
» à notre cour; nous avons examiné sa doctrine avec
» beaucoup de soin, et nous l'avons trouvée admirable,
» sans aucun faste, et fondée sur l'opinion qui suppose
» la création du monde. Cette loi enseigne la voie du
» salut, et ne peut être que très utile à nos sujets;
» ainsi je juge qu'il est bon de la leur faire connaître. »
« Ensuite il commanda que l'on bâtît une église, et

» il nomma vingt et une personnes pour en avoir
» soin. »

Il est fait ensuite mention des empereurs qui favo-
risèrent le christianisme, qui triompha de la persécution suscitée par les bonzes. Puis enfin, les auteurs du monument déclarent qu'ils l'ont élevé en
l'an 782.

Je sais, dit M. Abel Rémusat, membre actuel de
l'académie des inscriptions et belles-lettres, que l'authenticité de l'inscription de Si-an-fou a été con-
testée par quelques écrivains, lesquels ont été jusqu'à
en nier l'existence, et à accuser les missionnaires qui
en ont parlé d'avoir supposé ce monument par une
fraude pieuse. Quand cette supposition eût été pra-
ticable au milieu d'une nation défiante et soupçon-
neuse, dans un pays où les magistrats et les particuliers sont également mal disposés pour les étrangers,
et surtout pour des missionnaires ; où tout le monde
a l'œil ouvert sur leurs moindres démarches, où l'autorité veille avec un soin extrême à tout ce qui tient
aux traditions historiques et aux monumens de l'antiquité, il serait encore bien difficile d'expliquer
comment les missionnaires auraient été assez hardis
pour faire imprimer et publier à la Chine et en chinois une inscription de dix-huit cents mots qui
n'aurait jamais existé ; comment ils auraient pu
imiter le style chinois, contrefaire la manière des
écrivains de la dynastie des Thang, rappeler des

usages peu connus, des circonstances locales, des dates conçues dans les figures mystérieuses de l'astrologie chinoise ; et le tout sans se démentir un seul instant, et de manière à en imposer aux plus habiles lettrés, intéressés, par la singularité même de la découverte, à en discuter l'authenticité. On devrait donc supposer qu'un lettré chinois, et un lettré des plus érudits, se serait joint aux missionnaires pour en imposer à ses compatriotes. Mais ce n'est pas tout ; les bords de l'inscription sont couverts de noms syriens en beaux caractères stranghelos ; le faussaire savait donc le syriaque, et il était en état de faire graver sous ses yeux, avec exactitude, quatre-vingt-dix lignes de l'écriture syrienne qui était en usage autrefois, et dont la connaissance est aujourd'hui peu répandue ; le faussaire était donc un homme qui avait fait une étude approfondie des monumens syriaques dans les originaux. D'ailleurs, il ne suffirait pas d'expliquer la supposition de l'inscription dans l'édition chinoise et dans les copies rapportées par les pères Sémédo, Marténi et Boym ; il faut encore rendre raison de la fabrication du monument, car la pierre existe ; elle a dix pieds de haut sur cinq de large : on en a pris des empreintes en y posant des papiers transparens après l'avoir enduite d'encre ; et une de ces empreintes est à la bibliothèque du roi. De plus, ce ne sont pas les missionnaires qui l'ont trouvée dans la terre, mais des ouvriers chinois qui

creusaient les fondemens d'une maison particulière:
c'est le gouverneur chinois qui l'a fait relever et pla-
cer sur un piédestal, dans un temple d'idoles du
voisinage; et cela, sans se douter qu'il était la dupe
d'une fraude pieuse. Ainsi, il avait fallu faire com-
poser cette inscription en chinois par un lettré gagné
à prix d'argent, y faire ajouter les lignes syriaques
par un écrivain habile à tracer le stranghelos, faire
bien soigneusement graver le tout sur la pierre, en-
fouir cette pierre sans qu'on s'en aperçût, diriger
les fouilles des maçons de la ville de manière qu'ils
la trouvassent. Que de fourberies, que de soins,
que de difficultés, que de risques même chez un
peuple comme les Chinois! Et dans quel but? pour
établir d'une manière plausible ce qu'on savait d'ailleurs, qu'au septième et huitième siècle de notre
ère, des Syriens avaient construit quelques églises
à Si-an-fou, et qu'un certain nombre de Chinois
avaient embrassé l'hérésie nestorienne ou jacobite.
Voilà sans doute un objet peu digne des moyens:
on ne devine pas ce que le catholicisme avait à
gagner dans tout cela, ni comment les jésuites
pouvaient se trouver récompensés de leurs peines,
en voyant leur inscription placée dans un temple
d'idoles au fond de la province de Chen-Ci. (Voyez
Journal des Savans, octobre, 1821.)

NOTE D.

On nous objecte souvent le passage de l'Écriture où il est dit que Josué arrêta le soleil, comme contraire au système de Copernic; et l'on ne manque jamais de rappeler, à propos de ce passage, la condamnation de Galilée par l'inquisition de Rome. Voici ce qu'écrivait à ce sujet le fameux astronome de Lalande, à une époque où le fanatisme irréligieux n'avait point encore fait un devoir aux incrédules de dissimuler tout ce qui pouvait être en faveur de la religion :

« Les textes de l'Écriture que l'on oppose comme » contraires au système de Copernic sont tirés du » livre de Josué, ch. 10, v. 13; du psaume 92, v. 1, » et 103, v. 5; de l'Ecclésiaste, ch. 1, v. 5; du pro- » phète Isaïe, ch. 38, v. 8; du livre des juges, ch. 5, » v. 20; du troisième livre d'Esdras, ch. 4, v. 34 : » mais quand on les lit sans préjugé, on y voit un » langage ordinaire, qui ne pouvait être différent » sans devenir inintelligible ; et l'on n'y voit rien qui » paraisse tenir au dogme ni à la physique. Du reste, » plusieurs auteurs ont accumulé des raisonnemens » de toute espèce pour faire sentir que les différens » passages de l'Écriture où il est parlé du mouvement » du soleil peuvent s'entendre de celui de la terre » sans leur faire violence.

» Il y aurait un zèle bien étrange à prétendre
» exclure des livres saints toutes les expressions qui
» sont reçues dans la société, et par lesquelles on se
» fait entendre de tout le monde. Les astronomes di-
» sent comme les autres : Le soleil se lève et le soleil
» se couche; ils le diront éternellement, sans pré-
» tendre méconnaître le véritable état de la nature
» et de l'immobilité du soleil. Dieu, conversant
» parmi les hommes, le dirait avec eux, et Josué ne
» pouvait dire autrement. Il me semble qu'il y a de
» la *stupidité* à prétendre qu'un général d'armée tel
» que Josué (dans le moment où il s'agissait de ma-
» nifester à ses soldats la gloire et la puissance de
» Dieu par une victoire) dût leur faire une leçon
» d'astronomie, et, quittant le langage que ses soldats
» pouvaient entendre, dire à la terre de s'arrêter. Il
» aurait fallu en même temps leur apprendre en dé-
» tail pourquoi cette singularité d'expression ; et ja-
» mais digression n'eût été plus hors de place. Ainsi,
» dans le cas même où l'on prétendrait que Josué,
» comme prophète, aurait été instruit par la toute-
» puissance de Dieu de ce qu'on ignorait de son
» temps, et surtout dans son pays, il n'aurait pas pu
» s'exprimer autrement qu'il n'a fait. Il en est de
» même des autres passages de l'Écriture, où les au-
» teurs sacrés ont dû nécessairement parler comme
» l'on parle, et comme nous parlons nous-mêmes
» dans nos livres d'astronomie, quand nous disons

» le lever, le coucher, le mouvement, l'inégalité du
» soleil ; il n'y avait qu'une manière de s'exprimer.
» Il ne résulte donc rien de ces textes contre le système
» de Copernic.

» Les passages de l'Écriture sainte qui sont con-
» traires au mouvement de la terre ne doivent pas
» se prendre dans le sens propre et littéral et dans la
» rigueur des termes, mais dans le sens ordinaire du
» discours, suivant la manière générale de raconter
» et de parler.... Dans les passages de l'Écriture où
» il est parlé du mouvement du soleil, on voit évi-
» demment que les écrivains sacrés n'ont prétendu
» ni décider une question physique, ni établir ou
» prescrire un sentiment là-dessus. Ces passages ne
» sont point des articles qui intéressent ou qui con-
» cernent la religion ni le dogme, ou qui soient mis
» dans la bouche du Saint-Esprit ; mais seulement
» des accessoires indifférens d'une narration histori-
» que.

» Rien n'oblige de croire que, même avec le don
» de prophétie, les auteurs sacrés aient dû être in-
» struits des choses profanes et indifférentes à l'objet
» des livres saints. Les saints pères et les auteurs ec-
» clésiastiques, dont l'autorité peut nous être opposée
» dans cette matière, n'ont eu souvent aucune con-
» naissance de l'astronomie ; tel est saint Augustin,
» l'un des plus savans en tout genre, qui ne croyait
» pas aux antipodes.

» Cependant on voit que saint Augustin et saint
» Thomas n'étaient point d'avis que l'on gênât les phi-
» losophes, sous prétexte de défendre le sens littéral
» dans les passages de l'Écriture. Voici ce que dit
» saint Thomas (1) : *Hoc in principio protestor*
» *quod plures horum articulorum ad fidei doctrinam*
» *non pertinent, sed magis ad philosophorum dog-*
» *mata. Multum autem nocet talia quæ ad pietatis*
» *doctrinam non pertinent asserere vel negare quasi*
» *pertinentia ad sacram doctrinam. Dicit enim*
» *Augustinus : Quum audio christianum aliquem*
» *ista (scilicet quæ philosophi de cœlo et stellis et*
» *de solis lunæque motibus dixerunt) nescientem,*
» *et aliud pro alio sentientem, patienter intueor*
» *opinantem hominem : nec illi obesse video quum*
» *de te, Domine, creator omnium, non credat in-*
» *digna, si forte situs et habitus creaturæ igno-*
» *ret.........* On voit dans la suite de ce passage que
» saint Augustin et saint Thomas craignaient que le
» zèle des ignorans ne rendît la religion et ses doc-
» teurs ridicules aux yeux des savans étrangers, dont
» ils désiraient mériter la confiance et l'estime.

» Aussi l'Église n'a jamais porté *aucune décision*
» *formelle* contre le système de Copernic. Il est vrai
» qu'il y eut un décret de la congrégation des cardi-
» naux inquisiteurs, le 5 mars 1616, contre les livres

(1) Opusc. 10, 18.

» de Copernic, de Astunica et Foscarini, et une sen-
» tence contre Galilée, du 22 juin 1633, qui le
» condamne à tenir prison, et à abjurer l'erreur du
» système de Copernic; mais cette sentence des in-
» quisiteurs contre Copernic fut une affaire person-
» nelle, une suite de la jalousie que des ennemis trop
» puissans avaient eue de cette nouvelle philosophie,
» et de la célébrité extraordinaire de Galilée. Le père
» Garasse, qui avait beaucoup de crédit et de zèle,
» était enthousiaste de la philosophie de son temps. Le
» cardinal Bellarmin, qui en devait être naturelle-
» ment le protecteur, avait défendu lui-même à Ga-
» lilée, de la part de l'inquisition, de soutenir ses
» opinions qui scandalisaient les simples. Galilée l'a-
» vait promis, et il manqua plusieurs fois à sa pa-
» role, comme on le voit par la sentence, dont j'ai
» une copie en italien, tirée du registre des or-
» donnances. L'on jugea donc à propos de le con-
» damner pour arrêter les désordres qui pouvaient
» naître en général d'une trop grande liberté dans les
» ouvrages d'esprit; mais on a toujours permis, même
» à Rome, de l'adopter comme hypothèse, et cela
» suffit pour rassurer les consciences les plus timo-
» rées. » (Astronomie de Lalande, liv. 5.)

FIN.